JN005713

任 セア
Lim Saeah

介護職の
専門性と質の向上は
確保されるか

実践現場での人材育成の
仕組みづくりに関する研究

明石書店

はしがき

　介護分野では介護福祉士有資格者以外にも多様なルートを経て参入する無資格者・未経験者も少なくない。このような状況にありながら、今日においても介護職の専門性はどうあるべきかについて未だ明確にされていない。そのうえ介護職の専門性について社会の関心は低く、介護職全体の社会的評価も低い状況にある。

　本書の研究は、「介護人材の質的確保」における政策の課題への疑問から始まった。国の政策では、介護職の人材確保の観点から、質的確保のため介護職の資格の1つである介護福祉士の有資格者を専門性の高い人材として捉えている。国は特定の資格の専門性を図る一方で、なぜその職業である介護職を専門性の高い職業として捉えてこなかったのか。そして介護職の専門性を明確にすることは、なぜ困難であったのだろうか。

　現状では、実践現場における介護職は、介護業務を行う際に、どの介護業務に専門性が求められるのか、どの介護業務が重要であるのか、どの介護業務ができるのか等、何をどうすればいいのかが分からない場合が多い。介護職は利用者に提供する介護サービスが適切であるかどうかの判断ができず、自信がないまま介護サービスを提供している状況にある。このことは、介護職の専門性の問題のみならず、介護サービスの質の問題でもある。

　そこで筆者は、これからの高度化・複雑化する介護ニーズに対応し、より専門的な介護サービスを提供することを念頭に、介護職の専門性の向上に関する基礎研究を行った。特に、人材不足の課題によって多様なルートを経て参入する人材を投入せざるを得ない現状を踏まえて、介護職の専門性の向上を図ることに注目した。今後も介護人材の不足が深刻化していく中で、介護職の人材確保のみならず、専門性の向上は欠かせない重要な課題となるだろう。専門性の高度化を達成するためには、介護業務においてどのような場面

で介護従事者に専門性が求められ、どのような介護業務が重要とされているのかを学術的に明らかにし、効果的に介護人材が育成できる仕組みを構築する必要がある。

　効果的な介護人材育成の仕組みを構築するために、本書では実践現場における介護職の専門性の向上に向けて、体系化された介護職の人材育成の仕組みづくりに資する基礎的資料を提示する。また、介護職の人材確保の観点から介護職の職場定着の課題について今後の方向性を提言する。

　最後に、本書が介護人材の育成に向けた政策の本来の方向性である「専門性の明確化」や「社会的評価の向上」そして「介護サービスの質の向上」に貢献できることを願っている。

介護職の専門性と質の向上は確保されるか

──実践現場での人材育成の仕組みづくりに関する研究──

目　次

序章　本書の背景と目的

第1節　本書の背景と問題意識

　厚生労働省（2015a）の『2025年に向けた介護人材の確保——量と質の好循環の確立に向けて』によると、2025年にはすべての団塊の世代が75歳以上となり、後期高齢者が2000万人を超えると予想されている。これに伴い、高度化・複雑化する介護ニーズに対応するには介護人材の質的確保・向上を併せて進めなければならないと述べている。すなわち、これまで介護人材の量と質に関する国の政策は介護人材の量的確保が中心であったが、時代の変化により介護人材の量的確保だけでなく、質的確保も喫緊の課題として取り上げられていることを意味する。

　この報告書では、質的確保として「資質の向上」を目指している。「資質の向上」を実現するための介護人材の全体像の在り方として、主に挙げられるのが「資格の高度化」であり、これと同時に重要な課題として挙げられるのが「専門性の明確化」と「社会的評価」である。このように国の政策は、介護人材の全体像の在り方について資格制度に重点をおき「資格の高度化」を目指し、介護保険制度のなかで中核的な役割を果たすべき人材として主に介護福祉士を挙げて「専門性の高い人材」と明示（明文化）している。

　介護福祉士は「社会福祉士及び介護福祉士法」を根拠に社会福祉の増進に寄与することを目的とし、1987年5月26日に制定された。また、法律的根拠をもつ国家資格であるため、専門性の確立はもちろん社会的評価の向上にもつながると期待されてきた。しかしながら、「社会福祉士及び介護福祉士法」が制定され、30年が経った今日においても、上記の質的確保の政策のなかで重要な課題として挙げられる介護福祉士の専門性はもちろん、その職

業である介護職の専門性もまだ明確にされておらず、社会的評価も高くない現状である。

　一方で、介護福祉士の専門性の明確化のための動きもある。職能団体である日本介護福祉士会は2014年度（平成26年度）、研修委員会において都道府県介護福祉士会からの意見をもとに介護福祉士の専門性について明文化できるように検討を行った。

　日本介護福祉士会は、介護福祉士の専門性について「利用者の生活をより良い方向へ変化させるために、根拠に基づいた介護の実践とともに環境を整備することができること」と定義した。この定義の詳細な項目として、①介護過程の展開による根拠に基づいた介護実践、②指導・育成、③環境の整備・多職種連携の3つを詳しく挙げている。さらに、この定義は「介護福祉士であれば獲得している専門性」と、「介護職であれば獲得している専門性」の二段階に分類されている（図序－1）。

　しかしながら、日本介護福祉士会で検討した「介護福祉士の専門性」には、次の2点の課題がみられる。第一は、介護福祉士と介護職を分類し、介護福祉士を上位のものとして表現していること、第二は、その分類している専門性の根拠が明確ではないことである。日本介護福祉士会が提示した、「介護福祉士の専門性」をみると、介護福祉士を介護職より上位のものとして表現しているような誤解を招くおそれがある。さらに、介護福祉士の専門性として挙げられている3つの専門性は、介護福祉士ではなくても、実践現場で働いている介護職にも重要な専門性であり、この分類での介護職とは、介護福祉士以外のものを指しているが、何を根拠に介護福祉士と介護職の専門性を正確に分類しているのかは疑問である。

　介護職という職業は、国家試験による国家資格の取得者から民間団体による資格取得者まで、資格取得を求められる職業でありながら、無資格者も介護職として働くことができる職業である。また、介護保険サービスの人員配置基準のなかで、介護職に対して資格要件が定められているのは、訪問介護サービスを行う訪問介護員に限られており、訪問介護以外の実践現場で必ずしも資格取得者のみを採用することはない。

　公益財団法人介護労働安定センター（2017）の『平成29年度介護労働実態調査』によると、介護関連の保有資格[1]（n = 78,576）の中で、介護福祉士

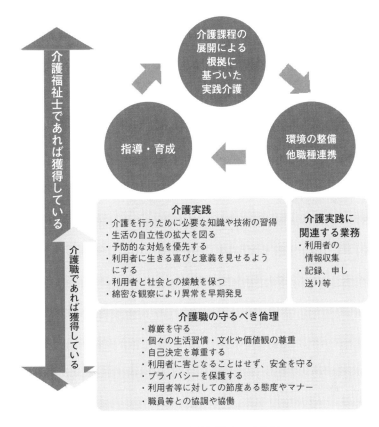

・綿密な観察により異常を早期発見

図序－1　介護福祉士の専門性

出典：公益社団法人日本介護福祉士会（2014）「介護福祉士の専門性」
　　　（http://www.jaccw.or.jp/fukushishi/senmon. php, 2019.7.17）より抜粋（原図）。

（40.2%）と介護職員初任者研修（36.9%）が最も高い割合を占め、実務者研修（3.8%）の占める割合は低かった。言い換えれば、介護関連の資格を保有している者の総数78,576名のうち、81.7%（64,216名）が資格保有者である一方で、残りの18.3%（14,360名）は介護福祉士、介護職員初任者研修、介護支援専門員、実務者研修といった介護関連の資格を保有していない者である。すなわち、実践現場で従事している介護職のすべてが国家資格を取得

1　介護福祉士、介護職員初任者研修（介護職員基礎研修・ホームヘルパー1級・2
　　級を含む）、介護支援専門員（ケアマネジャー）、実務者研修。

しているのではなく、介護福祉士以外の資格取得者、あるいは養成ルートからの教育を受けていない無資格者まで多様な人材が現場で働いていることが現状である。

　以上の現状からみると、国の政策では、介護職の資格種類である介護福祉士を専門性の高い人材として捉えながら、なぜ介護職の従事者を、専門性の高い人材として捉えてこなかったのか、なぜ介護職の専門性を明確にすることは困難であったかという疑問が生じる。さらに、介護に関する知識や技術もなく、資格も取得していない、介護の経験もない素人が利用者に質の高い介護サービスを提供することができるだろうか。このような人材を含む介護職を、はたして「介護保険制度の担い手として高い専門性をもつ」と言い切ることができるだろうか。

　上記の疑問を解決し、政策の本来の方向性のように「専門性の明確化」や「社会的評価」を高めることを達成するためにも、介護福祉士を中核的な役割を果たすべき担い手として捉えている「資格の高度化」の視点である「外形的要件」に焦点を当てるのではなく、多様な人材を含む介護職の視点からの専門性の向上に関する研究が必要である。

第2節　本書における課題

1．多様な人材を含む介護職の専門性に関する先行研究の不足

　多くの研究者らによる介護職の専門性に関する研究では、介護職を専門職として捉えながら、専門職として成り立たせるためには専門性が重要であると論じており、各自の研究分野に沿って特定の資格（例えば、介護福祉士や旧ホームヘルパー）に焦点を当てて、論じていることが特徴である（筒井1996；國光ら2002；中嶋2005；洪ら2007；能田2008；本間ら2008；井口2009；安2014）。

　しかしながら、上記の研究者らは介護職という職種の特徴でもある多様なルートからの参入について考慮せず、各自の研究分野に沿って特定の資格（例えば、介護福祉士や旧ホームヘルパー等）に焦点を当てている。さらに、専門職として捉えながら専門性の向上の必要性について述べるにとどまって

おり、専門職における位置づけや専門性の概念およびその構成要素について明確に述べていない。

　秋山（2007）の専門職研究による社会福祉専門職の成立要件からみると、現在の介護福祉士は、専門職の成立要件を一定程度満たしている専門職である。しかし、専門職としての成立条件を満たしていることから、介護福祉士の専門性が十分に確立されたとはいえなく、その職種である介護職の専門性も十分に確立されていたとはいいにくい。なぜならば、介護福祉士の職業でもある介護職とは、上記の専門職の成立要件の規定から外される者（例えば、無資格者など）が存在する職種であるからである。すなわち、上記の研究のように専門職としての専門性の向上の必要性について述べるためには、多様なルートを経て参入する人材を含む介護職の特徴を踏まえる視点が求められる。

　介護職の場合、多様なルートを経て参入する人材が存在するため、特定の資格に焦点を当てて、その資格だけの専門性の向上を図ると、それ以外の介護人材は除外されてしまうが、上記の研究者らは、特定の資格を専門職であると表現している。これは、実践現場で同様の介護業務を行っている介護職に対して、特定の資格を取得した者は専門職であり、その以外の者は専門職ではないという矛盾を発生させる可能性がある。さらに、専門職ではない職業は専門性が低い、あるいは専門性がないという誤解を招く恐れがある。介護職に専門性の向上が求められる理由は、専門職であるからではなく、介護保険法に基づく介護保険制度の担い手として、利用者に質の高い介護サービスを提供する義務があるため、その専門性の向上が求められると考えられる。

　したがって、介護職の専門性の向上のためには、特定の資格種類に焦点を当てるのではなく、多様なルートを経て参入する人材に着目し、利用者に質の高い介護サービスを提供する1つの職業として介護職を捉える研究が求められる。

2．有資格者と無資格者間の境界線の曖昧さ

　「社会福祉士及び介護福祉士」の法定化後、2007年の改正により、介護福祉士の資質向上を図るためすべての者は一定の教育プロセスを経た後に国家試験を受験するという形で、資格取得方法の一元化が図られた。しかし、介

護職は単一の資格制度ではないため、特定の資格である介護福祉士だけの資質の向上を図ったとしても、介護職全体の資質が向上するわけではない。介護職は、介護福祉士、実務者研修、介護職員初任者研修等の資格制度によって、多様なルートで短期間および長期間の間に専門的教育が行われている職業であるため、専門性がある職業としてみられる。その一方では資格を要する職業でありながら、専門的教育を受けていない無資格者も存在する職業であるため、その専門性が十分に確立された職業であるとは言い難い。

　厚生労働省（2014a）は、多様なルートから参入する人材を活用するため、専門的知識および技術を要する介護業務は資格取得者が行い、専門的知識および技術を要しない介護業務は無資格者が行うように、人材ごとに行う介護業務を分類する介護業務の類型化が必要であると述べている。しかしながら、人材ごとに実践現場で行う介護業務の内容に大きな違いはないことが現状である（第2章の図2－1参照）。

　以上のことを整理すると、介護職は多様なルートで専門的教育に関する仕組みはあるが、それを義務付ける資格要件は明確ではないことから、必ずしも資格を取得する必要はない。さらに、介護職として従事するための条件にも養成施設での研修修了や資格取得に対する義務がないため、施設の判断によって介護職を雇っているのが現状である。

　京極（1998）は介護に関する資格制度は立ち遅れていると指摘し、資格法による資格制度で専門性が向上し、無資格者が有資格者によって実質的に占有されることになると主張したが、現在においても無資格者は存在しており、介護職に対する専門性は問われ続けている。さらに、資格取得が介護業務や資格手当等に必ずしも反映されるとは保証できないことから（日本学術会議2011：ii）[2]、有資格者に対するメリットは無資格者と比べてそれほど大きくない。

　以上のように、介護職を専門性が十分に確立された職業といえないのは、資格種類が異なる有資格者から無資格者まで多様な人材が介護職として存在

2　日本学術会議（2011）の『福祉職・介護職の専門性の向上と社会的待遇の改善に向けて』の提言では、「介護職は基礎的な職業教育が多様であるにもかかわらず、それが職場内での介護業務や資格手当て等の賃金には必ずしも反映されていない」と指摘した。

しており、有資格者と無資格者間の境界線が曖昧であることが原因の1つであると考えられる。したがって、特定の資格や人材にこだわらず、介護職の専門性について検討することが求められる。その場合、専門性の概念は時代とともに変化していくものであるため、理論研究にとどまらず、実証研究も行い、改めて介護職の専門性について明確にすることが必要である。

3．体系化された介護職の人材育成の仕組みの不在

　従来の介護職の雇用について、その専門性に関係なく、「それぞれの施設や機関における自由裁量にまかせていた傾向」があったが（日本学術会議社会福祉・社会保障研究連絡委員会 1987：2）、現在においても資格や能力の異なる人材の専門性の違いを問わず、人材確保がなされている。このように、専門性の違いを問わず、資格や能力の異なる人材が実践現場に参入されることから、利用者に提供する介護サービスの質に差が発生する可能性がある。利用者に差のない質の高い介護サービスを提供するためには、実践現場で介護職の専門性の向上を図ることが最も重要であると考えられる。

　1993 年に策定された「社会福祉事業に従事する者の確保を図るための措置に関する基本的な指針」（「福祉人材指針」平成5年4月14日、厚生省告示第116 号）によれば、従事者のキャリアアップを支援する観点から、働きながら介護福祉士、社会福祉士等の国家資格等を取得できるよう配慮するとともに、職場における業務を遂行する中で従事者が日常的に専門的知識・技術を修得できるよう職場内学習の機会の確保や学びやすい環境づくり等職場内研修体制を整備することが求められると述べている。

　この方針が打ち出され、「OJT（On-the-Job Training）」「OFF-JT（Off the Job Training）」「SDS（Self Development System）」で構成される「職場研修」を体系的に推進することが社会福祉事業経営者に求められるようになったが、職場研修に関する実態をみると、それほど実施されていない現状である。

　パーソル総合研究所とベネッセシニア・介護研究所が介護離職者を対象に実施した『介護人材の離職実態調査 2017』によれば、OJT の状況（n ＝954）については、「受けていない」という回答の割合は 41.1％である。一方で、OJT を「受けた」場合の期間はあまり長くなかった。OJT を「受けた」期間で最も多かったのが3日未満（16.1％）、次いで3日〜1週間未満

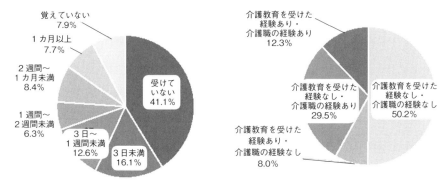

図序－2　OJT の状況（左）、入社前の介護に関する経験（右）

出典：パーソル総合研究所とベネッセシニア・介護研究所が実施した「介護人材の
　　　離職実態調査 2017」、パーソル総合研究所「実践現場の OJT と定着の関係」
　　　（https://rc.persol-group.co.jp/column-report/201903290001.html, 2019.03.29）より。

（12.6％）、1 週間～2 週間未満（6.3％）であった。さらに、この調査の結果
から最も注目したいのは、入社時研修と OJT の両方を受けていない人（n
= 325）のうち、介護関係の学科・学校で学んだ経験も介護業界で働いた経
験もない人が 50.2％で、半数を占めていたことである（図序－2）。

　上記の調査結果からみると、離職者のうち、職場研修を受けていない人の
半数以上が、介護関係の学科・学校で学んだ経験も介護業界で働いた経験も
ない人ということから、職場研修を受けていないことは、離職の背景の一因
になると推測される。また、職場研修が実施されてないことは、その仕組み
が各職場にゆだねられることや、教育・指導・評価ができる仕組みが明確で
はないこと等が、その背景として推測される。

　したがって、本書では介護職の専門性の明確化にとどまらず、多様なルー
トを経て参入する人材を含む介護職の観点から、これからの体系化された介
護職の人材育成の仕組みづくりに資する基礎的資料を提示することが求めら
れる。

第３節　本書の目的とリサーチ・クエスチョン

１．本書の目的

　本書の出発は、次の問題意識からはじまる。国の政策では、介護職の人材確保の観点から質的確保のため、介護職の資格種類である介護福祉士を専門性の高い人材として捉えながら、特定の資格の専門性を図る一方で、なぜその職業である介護職は専門性の高い人材として捉えられていなかったか、介護職の専門性を明確にすることは困難であったかの疑問からはじまる。

　そこで本書では、これからの高度化・複雑化する介護ニーズに対応し、より専門的な介護サービスを提供するため、人材不足の課題によって多様なルートを経て参入する人材を投入せざるを得ない現状を踏まえて、特定の資格のみの専門性の向上を図るのではなく、介護職の専門性の向上を図ることに注目する。すなわち、特定の資格の専門性の向上を図る前に、介護職を１つの職業として捉えることで、介護職がより専門的な介護サービスを利用者に提供することが可能になると考えられる。

　したがって、本書では特定の資格にこだわらず、多様なルートを経て参入する人材を含む介護職に着目し、次のように目的を設定する。本書の目的は、実践現場における介護職の専門性の向上に向けて、体系化された介護職の人材育成の仕組みづくりに資する基礎的資料を提示することである。さらに、介護職の人材確保の観点から介護職の職場定着における今後の方向性について提言することである。その際に、以下の３点について明らかにする。

　第一に、介護職が介護業務を行う際に現時点で「求められる専門性」について明らかにすること、第二に、介護職が行う介護業務を「専門性を要する」「重要である」「できる」の３つの質問項目から検討し、それぞれの認識程度から専門性の向上が求められる介護業務について明らかにすること、第三に、職場定着の観点から、仕事の継続意向と離職意向に影響を与える要因について明らかにすることである。

　以上の本書の研究目的を達成するために、以下のリサーチ・クエスチョンと目標を設定する。

2. 本書のリサーチ・クエスチョンと目標設定

◀ リサーチ・クエスチョン 1 ▶

そもそも介護職に専門性が求められる理由は何か。

➡ 問いに答えるための目標設定（第1章）

◎高齢社会において介護職の専門性が問われる理由について明らかにする。

◀ リサーチ・クエスチョン 2 ▶

なぜ介護職の専門性は不明確であるか。

➡ 問いに答えるための目標設定（第2章）

◎介護職の専門性を取り巻く現状から介護職の専門性の不明確化をもたらした原因を明らかにする。

◀ リサーチ・クエスチョン 3 ▶

介護職に求められる専門性とは何か。

➡ 問いに答えるための目標設定（第3章）

◎先行研究から介護定義の変遷と介護職の専門性について検討し、介護職に求められる専門性について明らかにする。

◀ リサーチ・クエスチョン 4 ▶

介護職に求められる専門性は具体的に何で構成されているか。

➡ 問いに答えるための目標設定（第4章）

◎介護老人福祉施設で働く介護職を対象とし、理論研究で明らかになった専門性を含む介護業務に関する43項目をもとにアンケート調査（量的調査）を実施し、その結果から探索的因子分析を行い、求められる専門性の因子構造について明らかにする。

リサーチ・クエスチョン　5

理論研究で明らかになった求められる専門性を含む介護業務（43項目)に対して、介護職はどのように認識しているか。

　　→　　問いに答えるための目標設定（第5章）

◎介護老人福祉施設で働く介護職を対象とするアンケート調査（量的調査）の結果から、介護職が行う介護業務を「専門性を要する」「重要である」「できる」の3つの質問項目を検討し、それぞれの認識程度から専門性の向上が求められる介護業務について明らかにする。

リサーチ・クエスチョン　6

仕事の継続意向と離職意向に影響を与える要因は何か。

　　→　　問いに答えるための目標設定（第6章）

◎介護老人福祉施設で働く介護職を対象とするアンケート調査（量的調査）の結果から、重回帰分析を行い、仕事の継続意向と離職意向に影響を与える要因について明らかにする。

3．本書の構成図

序章　本書の背景と目的

【本書における方向性の提示】

RQ1　そもそも介護職に専門性が求められる理由は何か

RQ2　なぜ介護職の専門性は不明確であるか

第1章　高齢社会において介護職の専門性が求められる理由

第2章　介護職の専門性が強調されてこなかった理由

RQ3　介護職に求められる専門性とは何か

RQ4　介護職に求められる専門性は具体的に
　　　何で構成されているか

第3章　介護職の専門性に関する先行研究の検討

第4章　「求められる専門性」の構成要素の具体化

＋

RQ5　理論研究で明らかになった「求められる専門性」を含む
　　　介護業務（43項目）に対して、介護職はどのように認識
　　　しているか

RQ6　仕事の継続意向と離職意向に影響を与える要因は何か

第5章　介護業務に対する介護職の認識程度

第6章　仕事の継続意向と離職意向への影響要因

終章　実践現場における介護職の専門性の向上の方向性

第1章　高齢社会において介護職の専門性が求められる理由

第1節　高度化・複雑化する介護ニーズへ対応する介護職

1．要介護（要支援）認定者数の増加と認知症高齢者の増加

　厚生労働省（2016a）の『介護保険事業状況報告（年報）』によると、要介護（要支援）認定者数は、2016年度（平成28年度）末現在で632万人（第1号被保険：619万人、第2号被保険：133千人）となっており、2000年度（平成12年度）の256万人と比べると、約2.5倍に増加した（図1-1）。

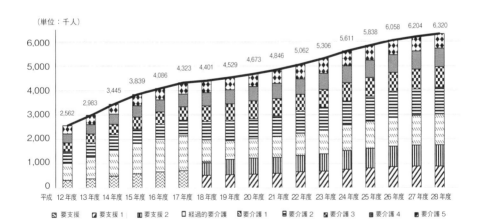

（単位：千人）

図1-1　要介護（要支援）認定者数の推移（年度末現在）

出典：厚生労働省（2016a：1）『平成28年度介護保険事業状況報告（年報）』をもとに筆者作成。

注：東日本大震災の影響により、22年度の数値には福島県内5町1村の数値は含まれていない。

このように要介護（要支援）認定者数が増加している中で、注目したいのは、要支援の認定者数より要介護の認定者数がより高い割合を占めていることである。表1－1の「要介護（要支援）認定者数」の構成比をみると、要支援（要支援1～要支援2）は27.8%、要介護（要介護1～要介護5）は72.1%を占めており、要介護の認定者は約7割を超えている。さらに、介護を要する要介護（要支援）認定者数の増加の進展に伴い、認知症の人も増加している。

　厚生労働省（2017b：1）の第47回社会保障審議会介護保険部会の「認知症施策について」によると、高齢者人口の約1割が、要介護認定を受けたもののうち認知症日常生活自立度Ⅱ以上の認知症高齢者で、これは要介護認定者の約6割を占めており、今後も認知症高齢者の増加が予測されていると認知症高齢者の増加による深刻化について発表した。2012年（平成24年）に462万人（約7人に1人）を超え、2025年（平成37年）には約700万人（約5人に1人）になると予想されている。ここに、正常と認知症の中間または、認知症の前段階とされる「軽度認知障害（MCI: mild cognitive impairment）」と推計される約400万人を合わせると、高齢者の約4人に1人が認知症の人

表1－1　要介護（要支援）認定者数（2016年度末現在）

（単位：千人）

	要支援1	要支援2	要介護1	要介護2	要介護3	要介護4	要介護5	総数
第1号被保険者	879	849	1,237	1,075	814	749	584	6,187
65歳以上70歳未満	44	46	54	54	36	31	29	294
70歳以上75歳未満	77	72	86	78	53	46	40	452
75歳以上80歳未満	160	136	172	139	95	82	68	851
80歳以上85歳未満	262	230	310	238	165	143	113	1,461
85歳以上90歳未満	230	230	351	289	213	189	143	1,645
90歳以上	106	136	264	277	251	259	191	1,485
第2号被保険者	13	19	22	28	18	15	17	133
合計	892	868	1,260	1,103	832	764	601	6,320
構成比（%）	14.10	13.70	19.90	17.40	13.20	12.10	9.50	100.00

出典：厚生労働省（2016a：7）『平成28年度介護保険事業状況報告（年報）』より算出。

又はその予備群という深刻な状況に陥ると推測される。

　このような中で、厚生労働省（2017c：12）は 2017 年 7 月に「認知症施策推進総合戦略（以下、新オレンジプラン）」の改定について発表した。その概要をみると、これまで 2017 年度末を目標として数値が設定されていたところを、新たな目標設定の年度として 2020 年度末を定め、数値目標の変更やより具体的な施策が提示された。具体的な施策の 1 つとして「認知症の容態に応じた適時・適切な医療・介護等の提供」の重要性について示し、良質な介護を担う人材の確保を目標として設定した。その内容をみると、「認知症の人への介護に当たっては、認知症のことをよく理解し、本人主体の介護を行うことで、できる限り認知症の進行を緩徐化させ、認知症の行動・心理症状（BPSD: Behavioral and Psychological Symptoms of Dementia）を予防できるような形でサービスを提供することが求められている」と認知症の人に対する介護の重要性について述べられている。

　国立研究開発法人日本医療研究開発機構で「BPSD の解決につなげる各種評価法と、BPSD の包括的予防・治療指針の開発〜笑顔で穏やかな生活を支えるポジティブケア」の研究を行っている山口（2018）は、認知症高齢者によくみられる BPSD は、介護職員や家族、看護師等のケア負担の 1 つの要因であり、これは介護放棄や身体拘束にもつながることを指摘した。特に、介護者が失敗を指摘し、非難する態度などが BPSD を悪化させるためで、ケア技術も 1 つの要因として位置づけられていることの理解が必要であると認知症の行動・心理症状（BPSD）とケア技術との関係性について明確に示した。

　すなわち、認知症高齢者によくみられる認知症の行動・心理症状（BPSD）に対応するためには、介護サービスを提供する者に失敗の指摘や非難する態度をとらず、認知症の行動と心理状態を理解するケア技術のような専門性が求められることである。

　認知症ケアも大きく変化してきており、「旧来の認知症高齢者に対する認識は、意思の疎通が困難であり本人に病識はなく、問題行動が目立つ、いわば対応に苦慮する困った高齢者」であったが（杉原 2016：22）、1990 年頃より認知症高齢者の残存能力や自己決定、主体性を論じる研究や実践での取り組みがみられはじめ、「認知症老人といえども自らの幸福を追求する権利も

『能力』もある、という当然といえば当然すぎる考えが良心的な臨床家の中では常識化してきた」(小澤 1995:114)。

　以上のことからみると、認知症は本人に病識がないこともあることからより本人の権利や能力が重要視され、認知症ケアを行う者は、認知症のことをよく理解し本人主体の介護サービスを提供しなければならない。

　本書では、介護サービスを提供する者の中でも介護保険施設(3施設)に従事している介護職に注目したい。厚生労働省(2018b:6)『介護保険施設等における利用者等の医療ニーズへの対応の在り方に関する調査研究事業(結果概要)』をみると、現在、要介護認定高齢者のほぼ半数に認知症の影響があり、介護保険施設(3施設)に入所している認知症高齢者は約8～9割を占めている(図1-2)。さらに、この3施設のなかで、他の施設類型と比較すると、介護老人福祉施設では「認知症治療薬」を服用している者の割合が高く、18.2%であった(図1-3)。

　厚生労働省(2014b:52)の『人生の最終段階における医療に関する意識調査報告書(平成26年3月)』をみると、「さまざまな状況における人生の最終段階を過ごしたい場所」(一般国民による回答、n = 2,179)の質問に対して、「認知症が進行し、身の周りの手助けが必要で、かなり衰弱が進んできた場

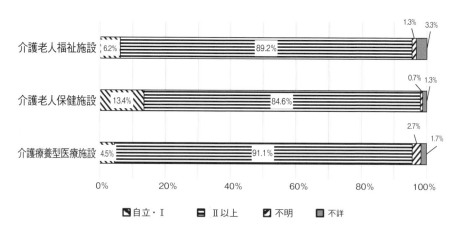

図1-2　認知症高齢者の日常生活自立度

出典：厚生労働省(2018b:6)『介護保険施設等における利用者等の医療ニーズへの対応の在り方に関する調査研究事業(結果概要)』をもとに筆者作成。

薬効分類	介護老人福祉施設 (n=5,605)	介護老人保健施設 (n=6,481)	介護療養型医療施設 (n=2,699)
血圧・心臓の薬	58.2%	61.9%	51.9%
糖尿病治療薬	10.2%	11.2%	8.4%
高脂血症治療薬	10.7%	8.4%	4.8%
痛風・高尿酸血症治療薬	2.6%	2.4%	2.2%
骨粗しょう症治療薬	7.4%	7.6%	3.9%
関節リウマチ等（他の膠原病を含む）の薬	1.3%	1.2%	1.3%
アレルギー薬	6.7%	4.2%	5.0%
呼吸器系の薬	8.0%	7.2%	9.1%
消化器系の薬	54.9%	53.1%	59.3%
精神系の薬	22.7%	25.1%	19.6%
認知症治療薬	18.2%	10.1%	8.4%
脳・神経系の薬（認知症薬を除く）	19.2%	18.0%	19.9%
泌尿器・腎臓の薬	13.7%	13.8%	13.1%
副腎皮質ステロイド	2.0%	2.5%	3.6%
解熱鎮痛剤	5.5%	7.3%	4.5%
麻薬および類似薬	0.1%	0.2%	0.2%
ホルモン製剤（副腎皮質ホルモンを除く）	1.1%	0.6%	0.7%
甲状腺疾患治療薬	2.3%	2.0%	2.3%
ビタミン製剤	4.3%	4.2%	2.9%
免疫抑制剤	0.3%	0.1%	0.3%
造血薬（鉄剤）	3.7%	4.1%	3.8%
感染症の薬（抗生物質・抗ウイルス剤等）	1.6%	1.2%	2.7%
栄養剤	1.5%	0.3%	0.7%
漢方薬	6.7%	4.9%	5.1%
抗がん剤	0.3%	0.4%	0.2%
その他	20.6%	19.5%	21.4%
不詳	5.9%	5.3%	7.3%

図 1 － 3　現在服用している薬剤（薬効分類別：複数回答）

出典：厚生労働省（2018a）『介護保険施設等における利用者等の医療ニーズへの対応の在り方に関する調査研究事業（結果概要）』より抜粋（原図）。

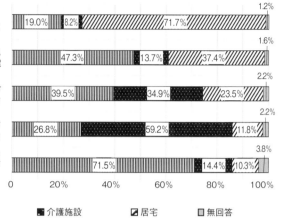

末期がんであるが、食事はよくとれ、痛みもなく、意識や判断力は健康なときと同様の場合 — 19.0% / 8.2% / 71.7% / 1.2%

末期がんで、食事や呼吸が不自由であるが、痛みはなく、意識や判断力は健康なときと同様な場合 — 47.3% / 13.7% / 37.4% / 1.6%

重度の心臓病で、身の回りの手助けが必要であるが、意識や判断力は健康なときと同様な場合 — 39.5% / 34.9% / 23.5% / 2.2%

認知症が進行し、身の回りの手助けが必要で、かなり衰弱が進んできた場合 — 26.8% / 59.2% / 11.8% / 2.2%

交通事故により半年以上意識がなく管から栄養を取っている状態で、衰弱が進んでいる場合 — 71.5% / 14.4% / 10.3% / 3.8%

■医療機関　■介護施設　▨居宅　▨無回答

図 1 - 4　人生の最終段階を過ごしたい場所

出典：厚生労働省（2014b:52）『人生の最終段階における医療に関する意識調査報告書（平成 26 年 3 月）』をもとに筆者作成。

合」は、介護施設で最終段階を過ごしたいという回答が 59.2% と最も高かった（図 1 - 4）。

　以上のことからみると、高齢社会において介護職の専門性が求められる理由の 1 つとして、要介護（要支援）認定者数の増加と認知症の行動・心理症状（BPSD）がみられる認知症高齢者数の増加が挙げられる。要介護認定高齢者のほぼ半数に認知症の影響があること（図 1 - 2）、介護保険施設の 3 施設のなかで、他の施設類型と比較し、介護老人福祉施設では「認知症治療薬」を服用している者の割合が高いこと（図 1 - 3）や認知症が進行した場合に施設入所を希望している（図 1 - 4）ことから、ますます施設での認知症高齢者に対する介護職の専門性が求められるようになっていることが現状である。

2．看取り介護を受ける高齢者の増加

　厚生労働省（2017a：6）の「人生の最終段階における医療の決定プロセスに関するガイドラインにおける最近の動向」によると、年間の死亡数は増加傾向を示すことが予想され、最も年間死亡数の多い 2040 年（約 166 万人）と

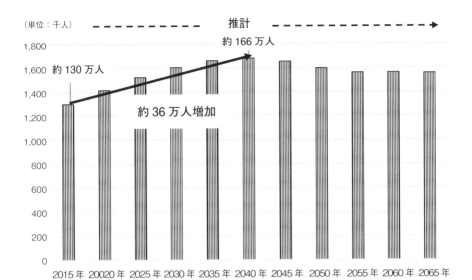

図 1 − 5　死亡数の将来推計

出典：厚生労働省（2017a：9）「人生の最終段階における医療の決定プロセスに関する
　　　ガイドラインにおける最近の動向」をもとに筆者作成、一部修正。
注 1：2020 年以降は国立社会保障・人口問題研究所「日本の将来推計人口（平成 24
　　　年 1 月推計）」の出生中位・死亡
注 2：中位仮定による推計結果

2015 年（約 130 万人）では約 36 万人の差が生じると推計されている（図 1 − 5）。
　さらに、1976 年まで最も高い約 5 割以上を示していた自宅等における死
亡が減少し、医療機関における死亡が増加する傾向にあったが、近年、医療
機関以外の場所における死亡が微増する傾向にある。死亡場所は 1950 年代
以降、病院が増え続けて、70 年代後半に自宅と逆転し、最近では約 80％を
病院が占めている。そこで大きな問題になっているものが団塊の世代が後
期高齢者に達する 2025 年以降には、看取りの場所が定まらない、いわゆる
「看取り難民」が 47 万人も大量に発生することである[3]。
　厚生労働省（2017a）の「人生の最終段階における医療の決定プロセスに
関するガイドラインにおける最近の動向」では、人生の最終段階における医

3　厚生労働省「平成 27 年人口動態統計」、国立社会保障・人口問題研究所「人口統
　計資料集（2006 年度版）」から推定。

療での意思決定支援について、病院だけではなく、在宅の現場や介護施設等においても、さらに推進していく必要性について強調されている。人生の最終段階における医療の内容では、各専門職を多専門職種と表現し、この多専門職種からなる医療・ケアチームにより、医学的妥当性と適切性をもとに慎重に判断することが人生の最終段階における医療及びケアの在り方であると述べている。さらに、看取り（ターミナルケア）の場合に形成される医療・ケアチームには介護職も含まれ、重要な担い手として期待されている。

　鷹野（2008：12-13）によれば、「ケアチームは、その目的と対象によって姿も機能も変える、確固たる骸形をもたない生物のような存在」であると述べながら、情報のシームレス化（継ぎ目のない状態）と共通言語の必要性について指摘した。これに対して、高橋（2015：163）は、「チームとして機能するために専門職間の専門性のギャップを乗り越えなければならない」と多職種連携の時に発生する専門性のギャップを埋めるためのツールの必要性について強調した。

　しかしながら、これまでの介護職の主な業務は利用者の健康管理や生活援助とされてきたため、終末期における役割は明確に示されてこなかった（坂下・西国・岡村 2013）。また、介護職もターミナルケアについて十分に認識していない（福田・徳山・千草 2013）ことや、自らの人生の中で看取りにかかわった経験が少ないこと等から人の終末期にかかわることに不安や戸惑いを強く感じていた（小林・木村 2010）。「生活の場の看取りに必要なのは、死のプロセスをアセスメントする力と日常生活を整える確実なケア技術であって医療技術が主ではない」（柳原・柄澤 2003：231）が、高齢者の人生の最終段階において多職種との連携は重要であり、看取りに関する医療的ケアの知識や技術も必要不可欠である。

　以上のことからみると、団塊の世代が75歳以上となる2025年とそれ以降の看取りが定まらない看取り難民やターミナルケアが必要である看取り高齢者に対応するためにも、これまでに行われた医療と介護のシームレスな提供に加えて、専門職間の専門性のギャップを克服することが求められる。

第2節　法律に基づいて介護サービスを提供する介護職

　介護保険制度の創設以来の介護職は、介護保険制度の中で介護サービスを提供する法的根拠をもつ介護人材である。以下では、その法的根拠について具体的に述べる。

　第一に、日本国憲法における社会福祉という法的根拠をもつことである（図1－6）。

　日本国憲法第13条には、「すべて国民は、個人として尊重される。生命、自由及び幸福追求に対する国民の権利については、公共の福祉に反しない限り、立法その他の国政の上で、最大の尊重を必要とする」と明示されている。さらに、日本国憲法第25条の第1項には「すべて国民は、健康で文化的な最低限度の生活を営む権利を有する」と、国民の生存権を保障することが明文化されている。同条第2項には「国は、すべての生活部面について、社会福祉、社会保障、及び公衛生の向上及び増進に努めなければならない」と規定されており、社会福祉の向上や増進が国の義務規定として明らかにされている。

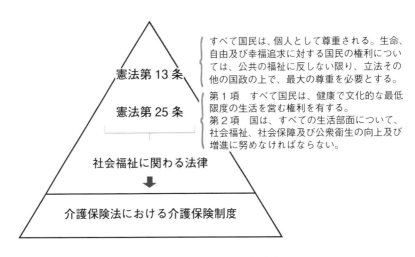

図1－6　法的根拠における介護職

出典：筆者作成。

これらの法律のもとで 1997 年に制定されたのが介護保険法である。日本は、加齢に伴って生ずる心身の変化に起因する疾病等により要介護状態となり、入浴、排せつ、食事等の介護、機能訓練並びに看護及び療養上の管理その他の医療を要する者等について、必要な保健医療サービス及び福祉サービスに係る給付を行うため、介護保険法に基づく介護保険制度を設けた（1997年 12 月に国会で制定）。その中で介護職は、介護保険制度において中核的な役割を担っており、人の生活に直接かかわっていると言っても過言ではない。この介護保険法が制定される約 10 年前に社会福祉士及び介護福祉士法（1987年 5 月 26 日）の制定により、介護に関する福祉資格として介護福祉士が国家資格化された。

　日本学術会議社会福祉・社会保障研究連絡委員会（1987：3）の『社会福祉におけるケアワーカー（介護職員）の専門性と資格制度について（意見）』によると、「一人ひとりの個別性に応じて統合化され、総合的に活用されるという点がもっとも問われる力量であり、（…中略…）専門分化した専門性ではなく、諸科学を応用、総合するなかで、直接、生命と生活にかかわる専門性として、位置づけられなければならない」と介護職の専門性の位置づけについて論じている。

　以上のことからみると、介護職は、生命と生活にかかわる必要不可欠な職業であり、広義的には日本国憲法第 13 条と第 25 条、狭義的には介護保険法に基づく介護保険制度の中で介護サービスを提供するため、その専門性を発揮し、質の高いサービスを提供しなければならない。

　第二に、各資格に法的根拠が定められていることである。

　介護職に関わる資格は様々な変遷を経ており、その主な変化として挙げられるのが、2007 年の改正による介護福祉士の資格取得方法の一元化である。近年の介護ニーズの多様化・高度化に対応し、質の高いサービスを安定的に提供していくためには、介護サービスを提供する「介護人材」の安定的な確保とその資質向上が不可欠であることから、資格取得方法の一元化とともにキャリアパスが整備された。この改正は、介護福祉士の資質向上を図るためにすべての者は一定の教育プロセスを経た後に国家試験を受験するということを示している。

　介護福祉士の資格取得方法の一元化による介護職の主な資格は次の 4 つ

表 1 − 2　介護人材のキャリアパス

	介護職員初任者研修 （ホームヘルパー2級に相当） 公認資格	実務者研修 介護福祉士の受験資格	介護福祉士 国家資格	認定介護福祉士 （介護福祉士の上位資格） 民間資格
資格				
法的根拠	・介護保険法施行令第3条第1項第2号に掲げる（平成10年政令第412号；第22条の29までの研修） ・介護保険法施行規則第22条の23第1項に規定する（平成11年厚生省令第36号）	平成19年改正法による改正後の社会福祉士及び介護福祉士法（昭和62年法律第30号）第40条第2項第6号、第48条の5第1項第2号	社会福祉士及び介護福祉士法（1987年5月26日制定、2007年12月5日改正）	介護福祉士の上位資格として位置づけられているため、介護福祉士の法的根拠をベースにしている
目的	介護職員初任者研修は、介護に携わる者が、業務を遂行する上で最低限の知識・技術とそれを実践する際の考え方のプロセスを身につけ、基本的な介護業務を行うことができるようにする	介護福祉士養成課程のうち、実務経験のみでは修得できない知識・技術を中心に構成される。一定の教育課程を経た後に国家試験を受験するという形で資格の取得方法を一元化にする	この法律は、社会福祉士及び介護福祉士の資格を定めて、その業務の適正を図り、もって社会福祉の増進に寄与する	継続的な教育機会を提供し、資質を高め、社会的な要請に応えていく
対象者	・訪問介護事業に従事しようとする者 ・介護の業務に従事しようとする者	実務経験3年以上の者	養成施設ルート、実務経験ルート、福祉系高校ルート、経済連携協定（EPA）ルートから受験資格が得られた者	・Ⅰ類：介護福祉士としての実務経験（5年以上）がある者 ・Ⅱ類：認定介護福祉士養成研修Ⅰ類を修了した者、介護職の小チームのリーダーとしての実務経験を有する者等
実施主体	都道府県知事が指定する介護員養成研修事業者	文部科学大臣及び厚生労働大臣の指定した学校及び厚生労働大臣の指定している養成施設	文部科学大臣及び厚生労働大臣の指定した学校又は都道府県知事の指定した養成施設	認定介護福祉士認証・認定機構
養成時間	130時間	6か月以上、450時間	養成施設：1850時間（養成ルートにより、差あり）	Ⅰ類：345時間 Ⅱ類：255時間

出典：厚生労働省（2012）「介護員養成研修の取扱細則について」(https://www.mhlw.go.jp/file/06-Seisakujouhou-12300000-Roukenkyoku/kaigoinnyouseikennsyuu.pdf、2018.12.12)、厚生労働省（2014c）「介護福祉士資格の取得方法について」(https://www.mhlw.go.jp/stf/seisakunitsuite/bunya/hukushi_kaigo/shakai-kaigo-fukushi1_shakai-kaigo-fukushi5.html)、厚生労働省（1987）「社会福祉士及び介護福祉士法」(https://www.mhlw.go.jp/web/t_doc?dataId=82021000&dataType=0&pageNo=1,2018.5.7)より筆者作成。

である（表1－2）。第一に、厚生労働省が定めた事業所で養成研修を受けて取得する認定の公的資格である「介護職員初任者研修（ホームヘルパー2級研修相当）」、第二に、介護福祉士の受験資格である「実務者研修」、第三に、国家資格である「介護福祉士」、第四に、介護福祉士の上位資格として一般社団法人認定介護福祉士認証・認定機構が2015年12月から認証・認定を開始した「認定介護福祉士」である。

　資格取得方法の一元化とともにキャリアパスが整備された経緯について具体的に説明すると次のとおりである。本来、介護福祉士は介護福祉士養成施設を卒業すれば与えられた国家資格であったが、国家試験受験が義務付けられ、試験に合格しなければ資格を取得することができなくなった。それによって、介護福祉士資格を取得しようとする実務経験者に対しても、3年以上の実務経験に加えて、「実務者研修」の受講が義務付けられた。

　さらに、介護福祉士資格取得後のキャリアパスについては、現在のところ十分な仕組みがないため、その後のステップアップとして、認定介護福祉士を構築し、資格取得後の展望を持てるようにした。次いで、2013年4月1日の介護保険法施行規則改正で介護資格制度の見直し、介護キャリアパスをより明確化させ、「ホームヘルパー2級」が「初任者研修」へと名称が変わった。以上の改正を経て、現在の介護職は介護保険法の法律に基づいた介護サービスを提供しており、介護職（2020年1月現在）は主に4つの資格として形成されている。

　以上のことからみると、介護職は、広義的に社会福祉を含む社会保障の法的根拠となっている日本国憲法第13条と第25条のように生命と生活にかかわる必要不可欠な職業である。また、狭義的に上記の憲法のもとで福祉国家の理念実現を目指して制定された介護保険法に基づく介護保険制度の中で介護サービスを提供する職業である。さらに、認定介護福祉士、介護福祉士、実務者研修、介護職員初任者研修等、体系的にステップアップできる資格制度があり、多様なルートで短期間および長期間の間に専門的教育が行われている職業である。

　したがって、介護職は、より専門的な知識および技術を踏まえたうえで、利用者に質の高い介護サービスを提供することができるよう、その専門性を発揮しなければならない。

第3節　考察

　厚生労働省（2003：49）の「2015年の高齢者介護──高齢者の尊厳を支えるケアの確立に向けて」では、介護サービスは、基本的に人が人に対して提供するサービスであることから、「介護サービスを支える人材が介護サービスの質を左右する鍵であると言って過言ではない」と介護サービスを支える人材の重要性について示した。

　本章では、介護職に専門性が求められるようになった理由について次の3点を明らかにした。第一に、要介護（要支援）認定者数の増加に伴い認知症の行動・心理症状（BPSD）がみられる認知症高齢者数も増加していること、第二に、看取り介護を受ける高齢者が増加していること、第三に、法律に基づいて介護サービスを提供する介護職であることである。

　以上のことからみると、介護保険制度の認定者数の増加とそれに伴うニーズの高い認知症者や、看取り介護を受ける高齢者の増加により、ますます介護職の人材需要に対するニーズは高まる見通しである。これは、介護人材の量的確保だけでなく、質的確保も含めた、認知症高齢者や看取り高齢者に対する質の高い介護サービスが提供できる介護人材が求められることを意味する。さらに、介護職は日本国憲法における社会福祉という法的根拠をもちながら、各資格制度の目的にも知識・技術を持つ者として定められており、介護保険制度の中で介護サービスを提供する者であるため、より高い専門性が求められる。

　しかしながら、介護サービスを支える人材の介護職の要件は、ほぼ介護保険制度施行前のものを引き継いでおり、基本的には最低基準が定められているに過ぎなかった。現在においても、医療関係職種を除く、介護職には資格要件や義務的研修は求められていない場合がほとんどであり、継続的な資質向上の仕組みはまだ構築されていない現状である。

　以上のことを踏まえて、次の第2章では、介護職の専門性がそれほど強調されなかった理由について探ることにする。

第2章　介護職の専門性が強調されて
こなかった理由

第1節　介護人材の質的確保に対する政策と実態との乖離

　厚生労働省（2015a）の『2025 年に向けた介護人材の確保——量と質の好循環の確立に向けて』によると、2025 年には後期高齢者が 2000 万人（団塊の世代が 75 歳以上となる）を超えることに伴い、認知症や医療ニーズが必要な要介護高齢者が著しく増加するという予想から、介護人材の量的確保だけではなく、質的確保も喫緊の課題として取り上げられていると述べている。このことは、介護人材の参入促進や労働環境・処遇の改善の視点から量的確保を進める一方で、今後、高度化・複雑化する介護ニーズに対応するためには、介護人材の質的確保・向上を併せて進めなければならないことを示唆している。

　介護人材の質的確保という概念の範囲は広い。厚生労働省（2014a）の「介護人材の質的確保について」によると、質的確保を「資質の向上」として表している。介護人材の「資質の向上」を進めるに当たって、次の3点の論点から述べている。第一に、「意欲や能力に応じたキャリアパスの構築」、第二に、「専門性の明確化・高度化による継続的な質の向上の促進」、第三に、「限られた人材を有効活用するための機能分化」である。

　第一の「意欲や能力に応じたキャリアパスの構築」では、介護人材を一律に捉え、意欲・能力の異なる人材の違いを問わず、一様に量的・質的な確保を目指してきたこれまでの考え方を転換し、各人材の意欲・能力に応じるキャリアアップの重要性について述べており、第二の「専門性の明確化・高度化による継続的な質の向上の促進」では、介護福祉士、研修等を修了し一

定の水準にある者、基本的な知識・技能を有する者、未経験者の人材ごとに「専門性の向上」を促進するキャリアパスの整備・支援の必要性について述べている。

　上記の第一の「意欲や能力に応じたキャリアパスの構築」と第二の「専門性の明確化・高度化による継続的な質の向上の促進」は、本来の目的である質的確保を達成し今後の介護職の発展にもつながると考えられる。しかし、第三の「限られた人材を有効活用するための機能分化」は、資質向上の目的を達させるための方法とは考えられにくい。その理由について、具体的に説明すると、以下の2点が挙げられる。

　第一に、実践現場では、介護人材ごとに明確に介護業務を分担していないことである。

　三菱UFJリサーチ＆コンサルティング（2015）の『介護人材の類型化・機能分化に関する調査研究事業報告書（平成27年老人保健健康増進等事業）』によれば、実践現場においての介護人材を「介護に関する資格を有していない者」「介護職員初任者研修修了者」「介護福祉士」に分類し、介護事業所における介護職の業務の実施状況について調査を行った結果、実践現場における介護職は明確に介護業務を分担していないことが明らかになった（図2－1）。

　特に、家事や掃除のように生活援助に関わるサービスでは、キャリアによる差がそれほどみられなかった。身体介護に関わるサービスでは、提供する介護サービスの内容によって差異は少々あるが、それぞれの者が同様の業務をほぼ毎日（毎回）実施している状況であった。主にキャリアによる差があった介護業務は「特定ケア」であったが、第1章でも述べたように、介護保険施設（3施設）に入所している認知症高齢者は約8～9割を占めている（第1章の第1節の図1－2参照）ことや、これから認知症や医療ニーズが必要な要介護高齢者が著しく増加するという見込みからみると、「特定ケア」も介護職全体にとって必要不可欠な介護業務になると考えられる。

　第二に、介護人材の質的確保に関する国の政策では、多様な人材の専門性の向上ではなく、主に介護福祉士の専門性の向上に焦点をあてていることである。

　国の政策は、無資格者や有資格者などの多様な人材を含む介護職の専門性

〈介護老人福祉施設〉

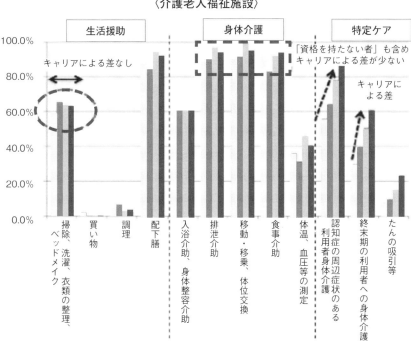

図２－１　介護職の業務の実施状況

出典：三菱 UFJ リサーチ＆コンサルティング（2015）『介護人材の類型化・機能分化に
　　　関する調査研究事業報告書（平成27年老人保健健康増進等事業）』より抜粋（原図）。

の向上よりも、主に介護福祉士である介護職の専門性の向上を目指している。
また、介護人材の全体像の在り方について資格制度に重点をおいて「資格の
高度化」を目指し、介護保険制度のなかで中核的な役割を果たすべき人材と
して、主に介護福祉士を挙げながら「専門性の高い人材」「専門職」と明示
（明文化）[4] している。

4　厚生労働省（2014c：8）「介護人材と介護福祉士の在り方について」第5回福祉
　人材確保対策検討会の資料、厚生労働省（2017d:7）『介護人材に求められる機能の
　明確化とキャリアパスの実現に向けて』第 20 回社会保障審議会福祉部会の参考資
　料1には、介護福祉士を「専門性の高い人材」「専門職」として明示している。

しかしながら、介護職の専門性もまだ明確になっていない現状で、国家資格の外形的要件によって、介護福祉士だけを専門性の高い人材として取り上げ、中核的な職務に重点化させることはやや無理がある。また、介護に関わる資格がない無資格者でも介護職として介護業務を行うことができ、有資格者と無資格者の介護業務の内容に大きい違いがない現状からみると、資格を中心に介護人材の類型化・機能分化を行うことは介護職の質的確保に向けた資質向上の根本的な解決策にならない。

　介護職は介護保険制度における介護サービスを提供する者として、資格を要する職業であると同時に、現行の法律では介護職として従事するための資格取得の義務がないため、無資格者による働き口も存在する職業である。すなわち、資格制度というある種の「外形的要件」だけで介護職に専門性があるとはいえず、より専門的な介護サービスを提供しているともいえない。だからこそ特定の資格だけではなく、多様な人材を含む介護職全体の専門性の向上が求められる。

　以上のことからみると、「介護職に専門性があるのか」という問いをすることは当然であると考えられる。

第2節　介護人材の質的確保においての現実的な課題

1．人材不足の課題

　厚生労働省（2015a）は、『介護サービス施設・事業所調査』と『医療・介護に係る長期推計（平成24年3月）』から介護人材は、2025年度には237〜249万人が必要であり、現在の149万人から毎年6.8〜7.7万人の人材を確保していく必要があると推計している。一方、生産年齢人口（15歳から64歳）は減少しており、現状の施策を継続した場合、2025（平成37）年には約30万人の介護人材が不足するとの見通しが示されている。

　2000年の介護保険制度の施行後、介護サービスに対するニーズは拡大しつつ高まり、要介護（要支援）認定者数は増加している。サービス量の増加に伴い介護職員数も15年間で約3.3倍に増加しているが、介護人材の伸びを上回る要介護者の増加により、介護人材の不足がさらに深刻化することが

予想される。さらに、介護分野の有効求人倍率は、2004年から急激に上昇しており、全産業より高い水準で推移しているが、福祉・介護系の専門学校や大学への入学希望者は減少の傾向にあり、介護職への求職者数も激減している状況である。今後は、業界や職業の魅力を高めるとともに、他産業・他分野からの中途採用など、労働市場から広く人材確保と養成を行うことが求められている。

　公益財団法人介護労働安定センター（2016）の『平成28年度介護労働実態調査』によれば、介護サービスに従事する従業員（全体）の過不足感について、不足感（「大いに不足」＋「不足」＋「やや不足」）は62.6%、「適当」は37.0%、「過剰」が0.3%であり、介護人材の不足感を感じている事業所が6割以上を占めていた。さらに、「従業員の不足感」の経年変化をみると、2008年度（平成20年度）に63.0%であった「従業員の不足感」は、2009年度（平成21年度）に46.8%で急激に下がっている。これは2008年度（平成20年度）5月に成立された介護従事者処遇改善法の影響によるものである。処遇改善が行われ、離職率が下がり、それに伴い介護サービスに従事する「従業員の不足感」も一時的に下がったが、2009年度（平成21年度）から徐々に高まり、2016年度（平成28年度）には62.6%で6割を超えている（図2-2）。

　このように「従業員の不足感」が徐々に増加している中で、介護人材の従業員のうち、介護職員（63.3%）・訪問介護員（80.2%）の不足感（「大いに不足」＋「不足」＋「やや不足」）は、最も高い割合を占めている。介護職員・訪問介護員の「採用率・離職率の経年変化採用率」をみると、離職率はここ数年16%〜17%台で推移している一方、採用率は2013年度（平成25年度）以降減少している現状である（図2-3）。

　以上からみると、介護人材の従業員の中でも、主に直接に介護サービスを提供する訪問介護員と介護職員が不足していることが読み取れる。これまでの実践現場は高い離職率で、常に「人手不足」になりがちであったが、これからの人材不足は、離職に加えて、新規人材の参入も困難になっていくことが見込まれる。

　近年、経済連携協定（EPA: Economic Partnership Agreement）に基づく外国人介護福祉士候補者の受け入れが進んでいる。経済連携協定（EPA）の目

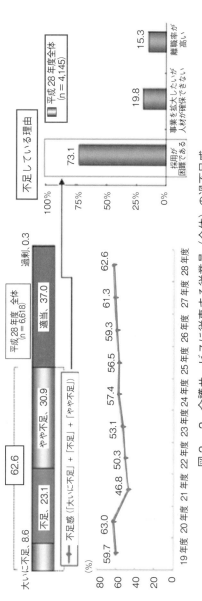

図 2 - 2　介護サービスに従事する従業員（全体）の過不足感

出典：公益財団法人介護労働安定センター（2016：1）『平成 28 年度介護労働実態調査
事業所における介護労働実態調査』より抜粋（原図）。

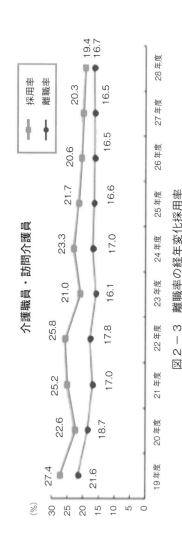

図 2 - 3　離職率の経年変化採用率

出典：公益財団法人介護労働安定センター（2016:4、8）『平成 28 年度介護労働実態調査
事業所における介護労働実態調査』より抜粋（原図）。

的は、日本と相手国の経済上の連携を強化する観点から、公的な枠組みで特例的に行うものであり、労働力不足への対応が目的ではないと明確に明示されている。ところが、介護人材不足に悩む施設では、経済連携協定（EPA）の目的とは反して、労働力不足への対応として外国人介護福祉士候補者の受入れを実施していた。

公益社団法人国際厚生事業団（2016：6）が実施した『平成 28 年度外国人介護福祉士候補者受入れ施設巡回訪問実施』の調査結果によると、「EPA 候補者を受入れた目的」について質問したところ、「介護職員の人員不足の解消のため」（94.2%、274 件）、「職場の活性化のため」（93.5%、272 件）、「国際貢献・国際交流のため」（91.4%、266 件）、「将来の外国人介護福祉士の受入れのテストケースのため」（84.9%、247 件）を挙げている。

すなわち、経済連携協定（EPA）の目的には、労働力不足への対応ではないと明確に明示されているが、施設側は介護人材不足の解消の観点から外国人介護福祉士候補者受け入れを実施しており、このような人員不足の状況で介護職に専門性を問い、質の高い人材を求めることはさらに困難になりつつある。

以上のことからみると、近年の介護人材の不足は、離職に加えて、新規人材の参入（量的確保）も困難であり、良質な人材の確保（質的確保）も困難な状況であることが分かる。

２．社会的背景および現状による介護職のイメージの課題

介護職は、専門性どころか、社会的承認や待遇も十分に確立されなかったことによる介護職の労働上のマイナスイメージの発生が、人材参入の阻害要因となっている。社会的背景および現状による介護職の主なイメージとして次の 2 点が挙げられる。

第一は、女性が行う家政婦に近い労働の職業、誰でもできる職業のイメージである。

戦後、高齢者の社会的援助のため、1956 年に長野県で家庭養護婦派遣事業がはじまった。その時に、介護人材として活躍したのが女性である。高橋（2015：19）は、1956 年に長野県で最初に行われた家庭養護婦派遣事業（ホームヘルプ事業）で採用された「家庭養護婦は当時の社会背景が絶対貧

困から抜け出せていないこともあり、女性の生活支援の側面から 10 人中 6 人が未亡人であった」ことや、身体介助と生活援助が家庭内で行われていることから誰にもできる職業という意識がもたれやすいと指摘している。

　その後、1963 年に「老人福祉法」が制定され、同法第 12 条において「老人家庭奉仕事業」として明文化された。厚生省（1963：16）が発表した『厚生白書』には、「老人福祉事業」における「老人家庭奉仕員」サービスの内容として「被服の洗たく、補修、掃除、炊事、身の回りの世話、話し相手になることなどであり、（…中略…）さらに奉仕員の業務内容が中年の婦人に適していることから、中年婦人に就職の機会を与えるという副次的な効果もあげている」と記されている。

　以上のことからみると、介護職の歴史でもある家庭養護婦と老人家庭奉仕員は、社会的背景により、専門性を要する職業ではなく、女性が行う家政婦に近い労働であり、施策も女性を対象にされていたことが分かる。

　第二は、低賃金やきつい、汚い、危険という 3K の職業のイメージである。

　日本学術会議社会学委員会福祉職・介護職育成分科会（2011：ⅱ）の『福祉職・介護職の専門性の向上と社会的待遇の改善に向けて』の提言では、「介護職は基礎的な職業教育が多様であるにもかかわらず、それが職場内での介護業務や資格手当等の賃金には必ずしも反映されていない」と指摘した。この指摘のとおりに資格手当等の賃金には必ずしも反映されているとはいえず、現在の介護職は介護の重労働に比べて低賃金である。

　内閣府（2013）の『介護保険制度に関する世論調査』（n = 3,272 人）によれば、ホームヘルパーや介護福祉士などの介護職に関するイメージに近いものについて聞いたところ、「夜勤などがあり、きつい仕事」と答えた割合が 65.1％と最も高く、次に「社会的に意義のある仕事」（58.2％）、「給与水準が低い仕事」（54.3％）などの順となっている。

　このように社会的背景や現状によって、介護職は女性が行う家政婦に近い労働の職業、誰でもできる職業、低賃金、きつい、汚い、危険という 3K の職業というイメージがある。これらのマイナスイメージの発生は、介護人材の新規参入の阻害要因となっているのではないだろうか。

3．多様なルートを経て参入する人材の課題

　現代社会は資格社会であると言っても過言ではないほどの資格が必要不可
欠な要素となっている。介護職は、資格制度によって専門的知識及び技術を
持つ者として捉えられており、介護福祉士、実務者研修修了者、初任者研修
修了者のように資格制度にあたって、多様なルートで短期間もしくは長期間
にわたって専門的教育が行われている。

　特に、国家資格の介護福祉士の場合、1987 年 5 月 26 日「社会福祉士及び
介護福祉士法」が公布され、1988 年 4 月より施行された。その後、続いて
介護福祉士会（1994 年）や介護福祉学会（1993 年）が設立され、介護職を専
門職として確立することを目指す動きがはじまった。しかしながら、「社会
福祉士及び介護福祉士法」が制定され、30 年が経った今日においても介護
職は専門職として認められるどころか、介護職に対する専門性も明確にされ
たとはいえない。この課題が発生する大きな原因としては、以下の 2 点が挙
げられる。

　第一に、介護職は資格取得や研修修了が義務的に定められておらず、多様
なルートから実践現場に参入できることである。

　「社会福祉士及び介護福祉士法」では、喀痰の吸引等を除き業務独占とは
なっておらず、介護福祉士でない者は、介護福祉士という名称を使用しては
ならないと名称独占として規定されている。また、介護保険サービスの人員
配置基準のなかで、介護職に対して資格要件が定められているのは、訪問介
護サービスを行う訪問介護員[5]（介護職員初任者研修修了者）だけである。こ
れは介護に関わる資格がない無資格者でも現場で働くことができることを意
味する。

　北垣（2014：50）は、『平成 24 年度福祉・介護事業所の経営実態と労働環
境調査』の結果をもとに多様な人材の受け入れで発生する課題を挙げながら、
政策・制度上の矛盾が実践現場に現出していると指摘した。その中から、多
様な人材の受け入れによって実践現場で発生する課題として次のことを挙げ

5　訪問介護員の具体的範囲（政令第 3 条第 1 項第 1 号関係）：訪問介護員は、介護
　保険法施行令（平成 10 年政令第 412 号）第 3 条第 1 項各号に掲げる研修の課程の
　うち、介護保険法施行規則第 22 条の 23 に規定された介護職員初任者研修課程を
　修了し、当該研修を修了した旨の証明書の交付を受けた者とされている。

ている。具体的に説明すると、新卒採用が少ない反面、介護経験のない中高年の採用があること、それに伴い経験のない中高年の教育が難しい面があることや福祉以外の学校から就職する学生が多くなっているため、これまで以上に人材育成に時間がかかることである。また、北垣（2014）の論文で用いた調査の結果によると、中途採用の労働者のうち48.1%が「福祉職以外」から就労していることが明らかになった。

　近年、公益財団法人介護労働安定センターが実施した『平成29年度介護労働実態調査』によると、前職のある人のうち、「介護関係の仕事」は32.9%である一方、介護・福祉・医療関係以外の仕事（n = 18,198）は60.4%を占めている。前職のある人のうち、約3割のみが「介護関係の仕事」であった。すなわち、「福祉職以外」から就労している人々が多い理由に対して、北垣（2014）は2007年の『社会福祉事業に従事する者の確保を図るための措置に関する基本的な指針』の見直しについての新人材確保指針によって、実践現場へ就労する経路（福祉人材センター・福祉人材バンクや、職業安定所や職業紹介センター等の活用）が開かれたため、福祉職以外の人材が生まれたと論じている。すなわち、介護労働市場に参入する多様なルートによって介護職間の知識や技術に差が生まれ、効率的に育成を行うことが困難であることについて示唆している。

　以上のことを整理すると、多様なルートによって実践現場に参入することが可能であり、資格取得や研修修了が義務的に定められていないため、介護職は基礎的な職業教育が多様であるにもかかわらず、実践現場で資格取得や研修修了を求められていないという現状にある。

　第二に、多様な人材別に行う業務分担がされず、その業務にもあまり差がないことである。

　2016年11月に認定介護福祉士認証認定機構で発表された『介護福祉士の職務の明確化と認定介護福祉士について』の報告書によると、介護福祉士の業務は、喀痰の吸引等を除き業務独占とはなっていないため、調理、洗濯、掃除等は無資格者や誰でも行うことができると指摘している。さらに、身体介護及び日常生活上の世話（調理、洗濯、掃除等の家事、生活等に関する相談及び助言）は、国家資格の介護福祉士だけの業務ではなく、公的資格の介護職員初任者研修修了者も行うことができると述べている。

　平成 27 年度老人保健健康増進等事業として、三菱 UFJ リサーチ＆コンサルティングが実施した調査結果の『介護人材の類型化・機能分化に関する調査研究事業報告書』によると、介護職の業務を行う際に「介護に関する資格を有していない者」「介護職員初任者研修修了者」「介護福祉士」は、明確に業務を分担していないことが明らかになった（第 2 章、第 1 節の図 2 − 1 参照）。

　すなわち、介護職の業務内容は有資格者と無資格者の間で明確に業務分担がされておらず、行える業務内容も大きな違いはないことが分かる。この現状を克服するため、厚生労働省（2016）は、介護を行い多様な人材が携わる介護の現場において、目指すべき全体像として介護人材の機能とキャリアパスを示した（図 2 − 4）。

　この会議では「目指すべき全体像」（図 2 − 4）のように、段階的にキャリアを積み上げて行く際に、「エビデンスに基づいたより専門的な介護の提供や他の介護職に対する教育・指導、他の専門職種との連携といったキャリアに応じた役割が求められる」（厚生労働 2016：3）と述べている。

　しかしながら、多様な人材を含む介護職の専門性が明確になっていない現時点で、介護職の専門性向上のために、実践現場でどのような根拠（エビデンス）を基準に専門的な介護の提供や介護職の教育・指導が行われるかは不明確である。介護職の専門性を明確にすることは、介護業務を行う際に判断基準となり、根拠（エビデンス）に基づいた介護業務を行うことができ、社会的にも明確な専門性をもつ職業として位置づけられることにも繋がるのではないだろうか。

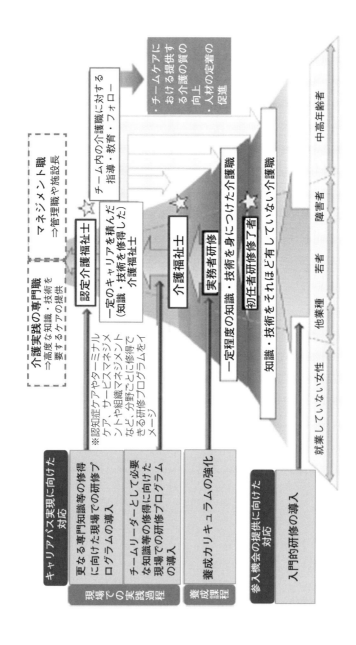

図 2 − 4　目指すべき全体像

出典：厚生労働省（2016b：10）「介護人材の機能とキャリアパスについて」第 6 回日社会保障審議会（福祉部会福祉人材確保専門委員会）資料 1 より抜粋、一部補足。

第3節　考察

　本章の第1節で述べたように、2025年には後期高齢者が2000万人（団塊の世代が75歳以上となる）を超えることから、認知症や医療ニーズが必要な要介護高齢者が著しく増加すると予想されており、介護職の量的確保と伴い質的確保は重要な課題となっている。さらに、本章の第2節で述べたように、介護職は人材不足の課題や社会的背景による否定的なイメージの課題、多様なルートを経て参入する多様な人材から発生する専門性の不明確化等の課題を抱えており、これらによって専門性のある者として強調されてこなかった。

　以上の介護職の人材不足を巡る現状と課題から、図2－5のように「介護職の人材不足を巡る悪循環」のサイクルが描かれる。

　この悪循環について具体的に説明すると以下のとおりである。

　介護需要の増加により介護職の人材不足の課題が発生する。人材不足を解決するため、専門的知識や技術、能力の有無にかかわらず、多様な人材（無資格者も含む）を参入させるが、実践現場で行っている介護業務に差はなく、これによって介護職の専門性の不明確化が発生し、介護職に専門性が問われるようになる。これらを克服するために、多様な人材を含む介護職の専門性を向上させることが求められるが、その仕組みは不在している。このことから、介護職が介護業務を行う際に正しい判断ができず、介護職の専門性の向上はますます困難になる。そのため、誰でもできる仕事や専門性が必要ではない等マイナスイメージが発生し、新規参入が困難なり、再び人材不足が発生する悪循環をもたらす。

　介護職の専門性の向上のため、実践現場に参入する前の人材育成の仕組み（資格取得や養成施設による教育等）も1つの方法として考えられるが、介護需要の増加により介護人材が不足している中で、介護職の専門性を問うことはますます困難になりつつある。

　したがって、本書では多様なルートによる人材の参入はそのままにしておき、実践現場における介護職の専門性の向上に注目する。実践現場に参入した後の人材育成の仕組み（教育や指導、評価等）を通して介護職の専門性の向上を図ることは、量的確保と質的確保、両方とも充足させることにつなが

り、上記の介護職の人材不足を巡る悪循環を断ち切ることができると考えられる。

　しかしながら、介護職の専門性も明確になっていない現時点で、実践現場で何を根拠に介護職の専門性を向上させるのかは不明確である。そのため、まずは理論的研究を通して介護職の専門性について検討することが求められる。このことから、次の第3章では、これまで行われてきた介護職の専門性に関する研究動向からその専門性の構成要素について体系的に整理し、介護の定義からその専門性について考察を行うことにする。

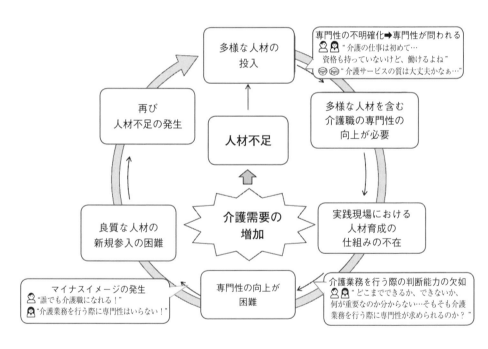

図2－5　介護職の人材不足を巡る悪循環

出典：筆者作成。

第3章　介護職の専門性に関する
先行研究の検討

第1節　本章の目的

　介護職の専門性に関する研究を行う前に、本書における専門性の概念について明確にしておきたい。秋山（2007）は、従来における社会福祉の専門性とは、①社会福祉の専門性、②ソーシャルワークの専門性、③施設・機関の専門性、④職員の専門性のことがあり、これらは専門性と専門職性の概念の区別は不明瞭であり、研究においても「専門性」「専門職性」「専門職制度」の三概念が混在していることについて指摘した。

　秋山（2007：117）はこれらの3つの概念の混在をさけるため、学問・研究のレベルを「専門性」、職業レベルを「専門職性」、制度・システムのレベルを「専門職制度」として設定し、左側の学問・研究のレベルの「専門性」は抽象性が高く、それが右側へ向くとその具体性が上がると示した（図3−1）。

　本書では、概念として抽象性が高い「専門性」ではなく、秋山（2007）が注目したように具体性がある「専門職性」について明らかにすべきであるが、以下の2点の課題がある。

　第一に、秋山（2007）の研究は、社会福祉専門職の研究であるため、主に国家資格に注目し、社会福祉士に焦点を当てたことである。本書は、専門職の研究ではなく、専門性の研究であり、介護福祉士のような国家資格や特定の資格に焦点を当てるのではなく、介護職を1つの職業として捉えている。そのため、秋山（2007）が専門職を想定し、整理した専門職性の概念をそのまま用いることは無理がある。

　第二に、介護職の専門職性に関する研究が数少ないことである。

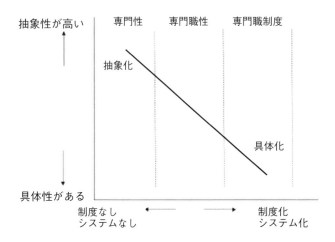

図3－1　専門性・専門職性・専門職制度の位相

出典：秋山智久（2007：117）『社会福祉専門職の研究』ミネルヴァ書房より。

　CiNii のデータベースを使用し、介護・専門職性のキーワードで論文を検索した結果、9 件のみであった（2019 年 3 月時点）。その 9 件の文献のうち 3 件が介護職の専門職性に関連のある文献であり、介護職のなかでも、特定の資格である介護福祉士に注目した文献であった。このことからみると、介護職の場合、社会福祉士とは違い、専門職性に関する研究があまり行われておらず、専門性と専門職性の概念が混在している可能性がある。

　以上の 2 点のことからみると、まずは、介護職の専門性に関する文献を用いて、これまで行われてきた介護職の専門性の研究について体系的に整理し、介護職の専門性について検討することが求められる。

　多くの研究者らによる介護職の専門性に関する研究をみると、介護職を専門職として捉えながら、専門職として成り立つための手段として専門性が重要であると論じている（筒井 1996；國光ら 2002；中嶌 2005；洪ら 2007；能田 2008；本間ら 2008；井口 2009；安 2014）。しかしながら、介護職の専門性の範囲が曖昧であるために、各自の分野から介護職の専門性について理論研究および実証研究を行っており、これらを体系的に整理し考察した研究は不十分である。さらに、明確に専門性の概念を明示するよりは、専門性の質の向上のための必要性について述べることにとどまっている。

　したがって、本章では、専門性の質の向上のための必要性について述べる

より、これまで行われてきた介護職の専門性に関する研究動向から専門性の構成要素について体系的に整理し、考察を行うことによって、抽象度が高い専門性をより具体化させることを目的とする。その際に、介護職の専門性の基盤となる介護の定義から介護職の専門性とはそもそも何かについても探ることにする。

第 2 節　介護職の専門性の検討

1．分析の方法及び結果

1)　分析の方法

　本節では、大木（2013：43）の系統的な文献検索を採用し、その手順を参考にしながら、網羅的に文献検索を行った。系統的な文献検索とは、論理的に一貫した手順や方法論をある程度確立させて検索する方法である。

　主に介護職の専門性に関して研究を行った論文を CiNii、国立国会図書館のデータベースを使用し、検索を行った。文献の選択基準は、介護職に関わる多様な資格種類を鑑み、より的確な文献の抽出のため、①「介護職」「専門性」、②「介護福祉士」「専門性」、③「ホームヘルパー」「専門性」の 3 つのパターンにキーワードを分けて文献検索を行った。

　検索の結果、244 件の文献（2017 年 5 月時点）のうち介護職・介護福祉士・ホームヘルパー（以下、介護職）の専門性と密接な関連がない文献 177件、学術論文ではない文献（資料・特集）41 件、重複する文献 5 件を除いた21 件の文献を抽出した（表 3 - 1）。

　次に、これらの文献の介護職の専門性に関する妥当性を確保するため、それぞれの文献の研究目的と研究結果の統一性を確認した。また、大木（2013：74-85）の文献総合の手順を参考にしながら、「要約表の作成」を行い、「コード化」及び「カテゴリーの同定」を行った。さらに、「カテゴリー間の関係」をみるため、抽出された 21 件の文献の結果や考察を断片化して内容が類似したものをまとめ分類し、介護職に関する専門性を抽出した。上位のカテゴリーは【　】、次のサブカテゴリーは〈　〉、詳細な要素は［　］で表記し、分析・統合を行った。

表3-1 これまで行われてきた専門性の研究（分析対象の文献）

	著者	研究目的	研究方法	研究における専門性	結論と課題
1	筒井(1996)	今後の介護サービスを担う専門職がもつべき「ニーズ把握能力」「知識」について検討する。	量的研究	介護サービスを担う専門職としての資質として「ニーズ把握の力」「技術」「知識」の3つが重要な要素となっている。「どういう状態の高齢者」に「どのようなケア」を「どれくらい」提供されているかの視点が重要である。	高齢者のdisabilityとhandicapレベルによってケア内容とケア量が異なる。必要なケアの内容と量を正確に把握しこて高齢者に適切に提供出来るという資質が求められる。
2	住居ら(1997)	介護度を、要介護者への直接処遇の介護業務における関わり度・困難度・必要度により数量化する。その介護度により、保健福祉機関別職種の介護専門性を比較検討する。	量的研究	各対象者の介護度に応じた、個別対応できることである。チームやケアや職種間の調整連携のためにも、共通な基盤に基づく、要介護者への介護の評価基準の確立が必須である。	介護度は、保健医療福祉分野の介護の質的向上と効率化のためにも必要な指標である。チームケアや職種間の調整連携のためにも、共通な基盤に基づく、要介護者への介護度の評価基準の確立が必須である。
3	市江(2000)	看護・介護職の職種における業務継続と専門性に関する意識について検討する。	量的研究	介護労働の専門性に関する姿勢・意識が必要であるため、職種の自立性と共にチームでケアを展開する能力が必要であり、多くの専門家の中で、広い視野やかかわり方をもちながら確実に実践の成果を上げる領域を、責任をもって担当することが重要である。	保健・医療・福祉のそれぞれが連携するために、果たすべき役割は何かを考えること、各職種の専門性と業務内容の整理が必要である。
4	杣山(2001)	「ゆとりある教育」を推進するための「4年制大学」での介護福祉士養成に求められる教育内容を考えるとともに、介護福祉士の専門性について論究したい。	文献研究	痴呆性高齢者のデイケアのプログラム──毎日を楽しく過ごせる、残存能力を発見し活かして充実感を持てるように援助することが重要である。治療技法への接近──社会福祉の領域から積極的に治療神経技法に接近し有用なプログラムを作っていくことは痴呆性高齢者の介護にかかわる専門性である。	専門性確立のためには痴呆性高齢者のケアと社会福祉理論を踏まえた介護支援専門員としての仕事を収斂させていく必要性がある。その活動に、「ゆとりある教育」である。「ゆとりある教育」に集団精神療法と人権擁護の思想を具現化していくことが求められる。

	著者	研究目的	研究方法	研究における専門性	結論と課題
5	永嶋ら (2001)	看護職・介護職の業務内容の実態、役割について自分たち及び相互の意識、専門性及び連携・共働していく上での今後の課題を明らかにする。	量的研究	対象者の生活史や生活歴を重視し、身体動作について困難をきたしている人の身の回りの援助を行うことが介護の役割として重要である。	対象者により適切なケアを提供していくためには、それぞれの専門性に対する認識をもっと明確にし、その専門性に立脚したケアの特性や良さを生かした上で、連携・共働していくことが重要である。
6	國光ら (2002)	石川県内の介護福祉士の勤務状況や業務内容及び専門職としての意識等に関する実態調査を行い、教育機関は何をすべきか、その役割について考察する。	量的研究	介護福祉士が高めたい知識や技術は痴呆症高齢者、介護保険やケアマネジメント、面接や相談、コミュニケーションである。また、権利擁護や地域活動への意識を高めていくことが重要である。主な業務である身体介護だけでなく、様々な事務的業務活動が多い。業務バランスを考慮する必要がある。専門的知識や技術、価値観についての生涯教育や研究開発について、職能団体とも連携をはかりながら取り組んでいく必要がある。	社会情勢の変化に対応する専門的な知識や技術、価値観についての生涯教育や研究開発について、職能団体とも連携をはかりながら取り組んでいく必要がある。
7	山田 (2003)	患者を取り巻くスタッフへの意識調査を行うことでホームヘルパーの専門性について検討する。	質的研究	日常生活の細かい変化、精神的・身体的な苦痛や情報を他の医療スタッフに伝え連携をもち、介護の負担を軽減していく具体化的な方策を考えていける場をつくること、他部門と連携を持ちながら実践していくことである。	専門性は,患者に対応できる医学的知識（看護技術）を総合的に研修を積む専門的ランクづけによって、さらに患者とその家族を含め日常生活に即した情報提供を他部門と共有しより良い介護の実践に結びつけることにより確立される。
8	中村ら (2004)	介護老人保健施設における看護職と介護職の連携について先行研究をレビューし、検討することである。	文献研究	専門性は、業務内容、役割、知識、技術にでもできるのは、専門性とは言えない。利用者を個別的に見て介助方法の選択、その日、その場の状況の判断を行える統一された視点や考え方、価値観（創造性）は誰もが持てるものではなく、そのための基礎的な教育や訓練が必要となる。	業務を分担して行うより、一緒に行うことを基本とし、異なった視点や考え方を交換することにより、幅広い援助方法を提供することが可能となる。

	著者	研究目的	研究方法	研究における専門性	結論と課題
9	寺嶋ら(2004)	高齢者施設における介護福祉士の専門性を整理することを目指す。また、医療行為の捉え方や受け入れ方がどのように明らかにし、介護福祉に医療がどのように入り込んでくるのかを分析する。	質的研究	介護福祉の専門性は、利用者の気持ちを尊重し生活の視点からの援助を目指していた。専門性に医療の捉え方は含まれておらず、中心は生活であると認識していた。	介護福祉の専門性は、利用者の生活を重視し生活援助を中心にした内容でとらえていたが、実際の業務内容がみると、施設側が医療行為が入り込み、介護業務の一部として無意識に認識している可能性が示された。
10	安田ら(2004)	施設に従事する看護師と介護福祉士の捉えている両職種の役割やお互いの専門性についての意識を明らかにする。	質的研究	介護職の専門性は生活中心である。「病態に左右されず家で生活をそのまま受け入れる」「その人が思っていることを大切にする」など、利用者の思いや気持ちに沿いながら日常生活を整えることが挙げられる。	今後、介護職の利用者への思いを大切にし、生活の満足を重視する専門性と看護職の健康上のアセスメントという専門性を発揮しながらの協働が求められ、重要となっていく。
11	和田(2005)	専門的な教育を受けた介護福祉士が提供する介護の質の向上させる目的で介護福祉士の専門性について探求する。	文献研究	人に対する好感度が高いことは、介護者として専門的知識・専門的技術を上回るような要素となっている。利用者の「固有の生」を支援する専門性のあり方が介護福祉士に求められている。	介護福祉の「専門性」を論じる時に、一般的な概念である「専門職性」とは切り離して考える必要性を「日常における援助」と「非日常における援助」の違いから論じ、介護福祉士の専門性を高めるためには、「質」「安心」の概念の検討が必要である。
12	中嶌(2005)	介護福祉専門職の質的向上を図るため、介護福祉職に求められる専門性を明らかにする。	量的研究	理論的専門性と実践的専門性が総合化された視点が必要である。1. 人と状況との全体関連性、2. 専門分化した専門性(日常)との総合、3. 専門性と非専門性(日常)との総合、4. 介護業務の内容と質が重要である。利用者のニーズに対し、利用者が直面している現実問題としてのニーズの観点から日常生活に密着したかたちで援助しながら、モニタリングやフォローアップといった機能を継続的に発揮することによって利用者の自立支援になりうる。	利用者の発達・成長をエンパワーして新たなニーズの発見や利用者および援助者双方にとっての充実感・満足感を創出するような関わりの方、介護の本質にかかわる部分の研究が必要である。

	著者	研究目的	研究方法	研究における専門性	結論と課題
13	村西 (2006)	介護福祉教育を中心とした介護サービス従事者の質的向上を早急に図る対策が必要であるという立場に立ち、介護福祉教育の現状分析を再考察する。	文献研究	専門性とは、価値・倫理・哲学等を基盤に専門知識・専門技術によって成り立つ。チームケアにおいての中心的なかかわりが求められる。介護者の人間性によって、介護の質が左右される。適切な判断ができる力を持ち、根拠と責任のある行動ができる専門的な知識や技術が必要である。	受容や共感、あたたかい関係が利用者や家族の主体的な行動を支え、そこに自立支援の本質がある。利用者の必要や考えに沿って、個別性を重視した対応がより一層望まれる。
14	洪ら (2007)	在宅と施設の介護現場に求められている専門性は何なのかを再び検討する。	文献研究	専門職として重要な要素は、専門的な介護技能、柔軟な判断能力、心の優しさ思いやり、コミュニケーション能力、総合的な視点である。	介護現場の悪化の実態と離職の増加が養成政策と深く関連している。介護士養成に関わる問題や質の向上を明害する問題、理想と現実のキャップや離職などを早急に解決しなければならない。
15	能田 (2008)	介護事故の判例と施設介護での「ヒヤリ・ハット」を事例としての介護の課題を分析し、介護福祉士に求められる「専門性」について考察する。	質的研究	介護者自身が「介護福祉」の実践者として自覚し、自己研鑽していくことや、職場環境の研修システムの整備などの充実が必要である。	介護福祉士の専門性は、介護実践における対象者との信頼関係の構築にあり、専門知識、技術に基づく「介護福祉」にある。
16	勅使河原ら (2008)	在宅ケアサービスを行う介護福祉士の専門性を明確にする。	量的研究	在宅ケアで必要とされている専門性は、利用者との信頼関係を構築、障害や疾病、多職種間の協働、認知症、状況の変化に対応した介護、衛生管理、福祉制度と法、栄養素と被服、介護予防、価値観の尊重、緊急時等に関する知識・技術である。	高い水準の知識と技術と価値観を持つ介護専門職をいかに養成・確保するか、その条件をいかに整備するかは今後の課題である。

	著者	研究目的	研究方法	研究における専門性	結論と課題
17	本間ら(2008)	介護福祉士の専門性とその関連要素を検討することで介護福祉士の質質向上に寄与する。	量的研究	対象者と周りの介護者を含めた人間関係をアセスメントした上での介護指導が重要である。介護指導行為をもって介護行為とともに介護指導を行える力量を持つことが求められる。介護計画立案、評価といった介護過程の展開が介護福祉士の専門性には重要な要素である。	労働条件の整備が必要である。介護福祉士養成校と職能団体での有効な情報を教育の場や地域の場に発信していく必要がある。
18	井口(2009)	介護労働者の「専門職化」の実態を明らかにし、その再編の必要性を提起する。その労働の強度、時間、そして介護・福祉職や看護・医療職の職種間の分業及び協働関係を実際的に把握する。	量的研究	要介護者の生活問題と主体的に向き合うこと、人の潜在的能力が顕在化・開花させることである。介護労働は単なる世話ではない。介護労働者はそれぞれを判断し、その人ができることは目分ですることを促すことによって要介護者の発達や自律を目指す必要がある。	現在の介護労働を取り巻く諸条件から分業を再編成し、その中で介護労働者の地位・待遇の向上を実現していくことが課題である。
19	本間ら(2009)	これまでの調査結果をもとに、介護福祉士の専門性とその関連要因の中から、主に専門性に必要な要素や業務、研修・教育体制、専門職能団体の3点に焦点を絞り、専門性に関連する要因とその課題を明らかにすることである。	質的研究	利用者のADLを中心とした日常生活を促えるアセスメント能力、意欲ややる気を引き出す介護過程の実践、介護計画立案・評価による自立支援や生活支援、理論や根拠に基づくサービス提供である。	介護福祉士の専門性向上のためには、施設内における研修・教育をその専門にのみ期待するのではなく、介護福祉士自らがその専門性向上のために積極的に自己研鑽する必要がある。また、そのために外的環境の整備も必要である。
20	安(2014)	介護福祉士の有識者であると考えられる介護福祉士養成施設の教員を対象に自由記述式質問紙調査を行い、介護福祉士の専門性の構成要素を抽出することである。	量的研究	日常生活の支援、介護過程の展開、生きがい支援、倫理、知識、利用者との関係形成、役割認識、連携の要素である。	日常生活の支援をはじめ生きがい支援を実践するには、利用者との介護過程の展開が重要な要素である。その基盤として知識と技術、倫理、役割認識、連携の4つが不可欠な要素である。現場の介護職や他職種を対象としてそれぞれの考える介護福祉士の専門性について明らかにして比較検討する必要がある。

	著者	研究目的	研究方法	研究における専門性	結論と課題
21	奥野(2014)	組織としてとりくんでいるグループ会議と、個人の経験をインタビュー調査することで、実践場面におけるケアワーカーの専門性を明らかにする。	質的研究	人権や尊厳といった価値への思いをもち、そこに知識や理論が加わり、総体としての介護過程を実践し、[経験の質][共有の質]があがることである。	行ったケアに対して[行為の中の省察]を日常的に行うこと、そしてグループ会議のような会議を活用し、チーム学習をして個人の成長と成長につなげることで、より質の高い介護の実践が可能になる。実際に業務にあったかつ会議をとしてできるような、新たな人員基準を含む枠組みを再構築する必要がある。

出典：先行研究より抜粋し、筆者作成。

2）分析の結果

　以上のことから【利用者に関わる専門性】【チームケアに関わる専門性】【介護職の基本姿勢に関わる専門性】の３つのカテゴリーが導出された（表3－2）。

　具体的には、【利用者に関わる専門性】は、〈個別ニーズの把握〉〈環境に沿った介護〉〈潜在的能力の重視〉〈信頼関係の構築〉〈人間の尊厳〉〈十分な知識・技術による介護〉〈医療的接近〉という７つのサブカテゴリー、［個別対応］［利用者の視点］［利用者の気持ちを重要視する］［ニーズ把握の力］［生活歴重視］［生活の視点から援助］［状況の変化に対応した介護］［身の回りの環境整備（衛生、栄養素、被服、人間関係）］［潜在的能力を顕在化・開花］［利用者のADLを重視］［意欲や能力を引き出す介護過程の実践］［信頼関係を構築］［人権や尊厳］［権利擁護や地域活動への意識］［緊急時の対応］［モニタリングやフォローアップ］［理論や根拠に基づくサービス提供］［介護計画立案］［評価による自立支援や生活支援］［認知症高齢者に対する治療技法接近］という20の詳細な要素で構成された。

　【チームケアに関わる専門性】は〈多職種との連携〉というサブカテゴリー、そして［職員との連携］［医療スタッフとの連携］［情報提供能力］［他部門との連携］［介護に関する中心的役割］［統一された視点（介助）や考え方］という６つの詳細な要素で構成された。

　【介護職の基本姿勢に関わる専門性】は〈自律性〉〈倫理的価値観〉〈自己啓発〉〈コミュニケーション能力〉という４つのサブカテゴリー、そして［適切な判断ができる力、柔軟な判断能力］［責任感、根拠と責任のある行動］［価値観］［好感度］［人間性］［心優しさや思いやり］［倫理観］［業務のバランス］［生涯教育や研究開発］［介護保険やケアマネジメントの知識の継続的向上］［アセスメントに伴うコミュニケーション能力］［面接や相談に伴うコミュニケーション能力］という12の詳細な要素で構成された。

表3－2　先行研究から導き出した介護職の専門性の構成要素

カテゴリー	サブカテゴリー	詳細な要素	
利用者に関わる専門性	個別ニーズの把握	●個別対応 ●利用者の視点	●利用者の気持ちを重要視する ●ニーズ把握の力
	環境に沿った介護	●生活歴重視 ●生活の視点から援助	●状況の変化に対応した介護 ●身の回りの環境整備 （衛生、栄養素、被服、人間関係）
	潜在的能力の重視	●潜在的能力を顕在化・開花 ●意欲や能力を引き出す介護過程の実践	●利用者のADLを重視
	信頼関係の構築	●信頼関係を構築	
	人間の尊厳	●人権や尊厳	●権利擁護や地域活動への意識
	十分な知識・技術による介護	●モニタリングやフォローアップ ●理論や根拠に基づくサービス提供 ●評価による自立支援や生活支援	●緊急時の対応 ●介護計画立案
	医療的接近	●認知症高齢者に対する治療技法接近	
チームケアに関わる専門性	多職種との連携	●職員との連携 ●医療スタッフとの連携 ●情報提供能力	●他部門との連携 ●介護に関する中心的役割 ●統一された視点や考え方
介護職の基本姿勢に関わる専門性	自律性	●適切な判断ができる力、柔軟な判断能力 ●責任感、根拠と責任のある行動	
	倫理的価値観	●価値観　●人間性　●好感度 ●心優しさや思いやり　●倫理観	
	自己啓発	●業務のバランス ●介護保険やケアマネジメントの知識の継続的向上 ●生涯教育や研究開発	
	コミュニケーション能力	●アセスメントに伴うコミュニケーション能力 ●面接や相談に伴うコミュニケーション能力	

出典：筆者作成。

2．介護職の専門性の構成要素、3つの視点の考察

　介護職の専門性に関する研究の分析の結果、【利用者に関わる専門性】【チームケアに関わる専門性】【介護職の基本姿勢に関わる専門性】の3つの視点から介護職の専門性を構成する詳細な要素が導き出された。

1）利用者に関わる専門性

　介護サービスの提供における生活の支援は、利用者のニーズに対応するためのものである（黒澤 2010）。介護職は、利用者に最も近いところで介護サービスを提供するため、「人間尊重、ノーマライゼーション、自己実現の支援、自律性の尊重、社会生活維持・発展への支援」が基盤となった介護が求められる（加藤 2012：105）。すなわち、介護職が利用者の多様なニーズに対応するためには、生活の中でその人（利用者）の個性を尊重しながら、利用者の視点から専門性を考えることが重要である。

　【利用者に関わる専門性】の〈個別ニーズの把握〉とは、利用者の心身の状態の急激な変化や徐々に変化していく状態を把握することであり、〈環境に沿った介護〉は、利用者の日常生活の中で、利用者が直面している課題を適切に把握し、介護を行うことである。

　これらに沿って介護を行う際には、利用者の意欲や能力を引き出すための介護過程を実施し、〈潜在的能力の重視〉のように持っている能力を維持および発揮させることが必要である。その時に、〈信頼関係の構築〉が重要であり、利用者の尊厳ある自立した日常生活を支援するための介護を提供するという介護保険の理念である〈人間の尊厳〉を意識しながら、利用者の人権を守ることが重要である。また、より専門的に介護を行うために根拠のある〈十分な知識・技術による介護〉で、認知症高齢者や障害をもつ高齢者などに対する〈医療的接近〉も行うことが利用者に関わる専門性の視点である。

2）チームケアに関わる専門性

　厚生労働省（2016d：2）の「地域における医療及び介護を総合的に確保するための基本的な方針」によると、「医療及び介護の連携の核となる人材の育成を図りつつ、多職種が連携して取り組む環境づくりを進めていくことが重要である」と質の高い医療・介護人材の確保と多職種連携の推進について述べている。その際には、「医療及び介護の関係機関・団体が相互の連携を密にして、利用者にとってわかりやすく総合的な支援が行われる体制を確保することが重要である」と各専門分野との連携の重要性について述べている。

　中濱（2016：156）は「チームケア、多職種連携は、利用者に対して直接ケアを施すものではないが、チームとして参加する各専門職が提供するサービ

ス・処置についてより総合的かつ効果的にするために必要な営みである」と
介護職におけるチームケアの重要性について示している。また、加藤（2012）
は、個々の知識や技術に加え職員の意識・態度によりチームケアの方向性は
大きく影響されることを指摘しながら、介護実践における職員の人材の質の
重要性について強調している。このように各専門分野の専門家がお互いに情
報や意見を交換しながら利用者をケアする多職種との連携が現代社会におい
て欠かせない重要な業務として位置づけられている。利用者の生活は多様な
構成要素で成り立っているため、より専門的な介護を行うためには、チーム
ケアの視点が重要である。

　【チームケアに関わる専門性】の〈多職種との連携〉とは介護職だけでな
く、医療スタッフなどの他部門との連携が重要である。チームケアを行う際
に、介護に関する中心的な役割として介護職の能力が求められる。その際に、
統一された視点からの介護や介助を行うように努めるべきである。各職種は、
それぞれの知識や技術を持つ専門職であるため、お互いに共通認識をもちな
がら、利用者の生活に即し、情報を共有することが重要である。その際に、
互いが利用者のことを最優先としながら、各職種の専門性に合わせて業務を
分担し、より良い介護過程を展開することがチームケアに関わる専門性の視
点である。

3）介護職の基本姿勢に関わる専門性

　筒井（1996）は、介護職がもつべき専門性について要介護状態の高齢者へ
のケア適応に関する技術とケアを行うための知識が十分に体系化されてい
ないことを指摘しながら、介護サービスを担う専門職としての資質として、
ニーズ把握の力、技術、知識の3つが重要な要素であると論じている。

　確かにニーズ把握の力、技術、知識の3つは重要であるが、近年の認知症
高齢者の増加や世帯構成の変化など介護ニーズの多様化により、介護を行
う際に必要な専門的知識・技術の中には、【介護職の基本姿勢に関わる専門
性】である〈倫理的価値観〉のように、好感度や心優しさや思いやりを基盤
とした〈コミュニケーション能力〉等、介護職の内面的な人間性までが求め
られている。介護職の内面的な人間性まで求められている理由は、介護職の
姿勢および意識に関する自律性や価値観は、介護職が介護を行う際に影響を

与えている可能性があるためである。

〈自律性〉とは、主に看護師の専門職あるいは専門性に関する研究に用いられており、看護における自律性の研究が多い。一方で、介護職の〈自律性〉に関する研究はあまりされていないが、介護職にも重要な専門性として求められている。橋本（2010：91）は、介護職の〈自律性〉について「介護専門職自律性」[6]という概念から、「利用者の生活習慣や生活信条を尊重し、専門的知識に裏づけされた判断のもと、介護活動を決定し実践する能力である」と定義した。このように〈自律性〉は、介護職の適切な判断能力、柔軟な判断能力、すなわち、根拠と責任のある行動にもつながる。自ら専門性の向上のためにバーンアウトしないように業務のバランスを取りながら、〈自己啓発〉を通した介護保険制度や介護過程の展開に対する知識・技術の理論的根拠を探る生涯教育や研究開発などの自己研鑽も介護職の基本姿勢に関わる専門性の視点である。

3. 3つの視点から生まれる疑問

上記の介護職の専門性に関する研究から導き出された【利用者に関わる専門性】【チームケアに関わる専門性】【介護職の基本姿勢に関わる専門性】は、介護職のみに通用される専門性とは言い難い。なぜならば、これまでの研究で論じられてきた介護職の専門性は実践現場で介護に関わるどの職種（例えば、生活相談員、ケアマネージャー、看護師など）にも当てはまるソーシャルワークの対人援助職としての専門性ではないかという疑問が生じるためである。さらに、橋本（2010：90）は、介護職の専門性について「介護職の専門性の枠組みには、哲学者、社会福祉学者、看護学者による概念が引用されている」と指摘した。このことからみると、上記の3つの視点から介護職の専門性を一般化することは難しい。

上記の視点は、介護職にも求められる専門性であり、介護職にとって欠かせないということである根拠が求められる。また、介護業務を行う際に、介護職の主観が先行するため、介護とは何か、その本質を明らかにすることは、介護の質を測る判断基準を作る際に必要不可欠なことである（井上2000）。

---

6 橋本（2010：90）は、「専門職としての自律性の確立は、介護福祉士の質の向上に不可欠な要素なのである」と専門職の観点から自律性について述べている。

　次の第3節ではソーシャルワークの対人援助職としての専門性ではないかという疑問を解決し、【利用者に関わる専門性】【チームケアに関わる専門性】【介護職の基本姿勢に関わる専門性】をより明確にするため、介護職の専門性の基盤となる介護の定義から介護職の専門性とはそもそも何かについて探ることにする。

第3節　介護定義の変遷の検討

　本節では、第3章のこれまでの先行研究から明らかになった【利用者に関わる専門性】【チームケアに関わる専門性】【介護職の基本姿勢に関わる専門性】は、介護に関わるどの職種にも当てはまる可能性があることから、介護職の専門性の基盤である介護の定義から本質的な専門性について検討を行うことにする。

　介護というものは、介護職が今後専門性をさらに向上させ、専門性がある職業として成り立つための本質的な根拠となると考えられる。そのため、介護が何を意味し，従来から今日に至って、その範囲がどの程度変化してきたかについて考察し、介護職の専門性の明確化のための方向性について示す必要がある。

　以上のことを達成するために、辞典的な意味での検討だけでなく、関連書籍をはじめ、CiNii データベースを用いて幅広く検索し、介護の定義の変遷から介護職の専門性の変化について検討する。

1．手助けやお世話するという「狭義の介護」

　介護という用語が公的に使用されたのは法律用語からであった。特に、社会福祉関係の法令のなかに介護という用語が初めて使われたのは、明治25年に改正された「陸軍々人傷痍疾病恩給等差例」(1892年) の第1条第1号である。その中で、「不具モシクハ疾病トナリ常ニ介護ヲ要スルモノハ……」と介護という用語が記されている。

　しかし、今田 (1998：539) によると、それ以前の明治18年制定の「官吏恩給令」や改正前の1890年の「軍人恩給法の陸軍々人傷痍疾病恩給等差

例」では「不具若クハ廃疾ニシテ起臥飲食意ノ如クナラス常ニ看護ヲ必要トスルモノ……」と記されていて、わずか2年の間になぜ看護が介護になったかは、公的文書からは解答が得られないと述べている。このことからみると、看護と介護は、疾病に関わるものであるため、看護と介護の用語の意味を混同して同時に使われた可能性がある。

　その後、「1945年代までの恩給法、救護法、傷兵保護に関する規則などにも介護という用語は登場」し（中島1988：9）、1892年の身体障害者福祉サービス対象者の範囲に関する通知に「常に就床を要し複雑な介護を要するもので、回復の見込みのないもの…等」と明示されている（今田1998:538）。

　高齢者に介護という用語が公的に使われたのは、1963年（昭和38年）に老人福祉法（昭和三十八年法律第百三十三号）第十七条第一項の規定に基づき、制定された「特別養護老人ホームの設備及び運営に関する基準」である。この法律の中では、特別養護老人ホームの入所要件について「身体上又は精神上著しい障害があるために常時の介護を必要とし、かつ、居宅においてこれを受けることが困難なもの」と規定し、介護の用語を使った。

　ここで注目すべき点は、新たな介護の意味である。特別養護老人ホームでは老人の世話を寮母が行っていたが、寮母には看護師の資格はないので、寮母の行う行為を看護と呼ぶことはできなかった。このことから介護の用語が位置づけられた（金井1998；垣田2000；高木2008；石井〔岡〕久美子2012）。すなわち、介護は、特別養護老人ホームの登場により、看護とは区分され、高齢者に対する世話として意味づけられるようになった。

　『社会福祉辞典』（仲村1974：33）によると、「寝たきり老人など1人で動作出来ない人に対する食事、排便、寝起きなど、起居動作の手助けを介助といい、疾病や障害などで日常生活に支障がある場合、身のまわりの世話（炊事、買い物、洗濯、掃除などを含む）をすることを、介護という」と書かれている。この辞典では介助と介護の用語を分類し、介助は起居動作の手助けであり、介護は身の回りの世話であると明確に定義したが、高齢者の面倒をみるまたは家事のお手伝いのイメージがあり、誰でもできる業務という概念が強い。

　1987年（昭和62年）「社会福祉士及び介護福祉士法」により、介護は制度化された有資格者によって提供されるサービスへと転換した。この法律では、

介護福祉士について「専門的知識及び技術を持って身体若しくは精神上の障害があることにより日常生活を営むのに支障がある者につき入浴、排泄、食事その他の介護を行い、並びにその者及びその介護者に対して指導を行う」と定義した。すなわち、この定義の「専門的知識及び技術を持って」という文章をみると、制度化により「介護」を行う人に対して、より高い専門性が求められるようになったことが読み取れる。

　しかし、この法律の中でも介護そのものの定義はなく、介護の内容として「入浴、排泄、食事その他の介護」と明示された。すなわち、介護の用語が登場してから、介護が制度化されたにも関わらず、介護は介助と区別されず、上記の『社会福祉辞典』（仲村 1974：33）で書かれた介助と同様の意味で介護が用いられた。

　以上のように「狭義の介護」は、その定義が介助と区別されず、同様に使われていたが、ここで注目すべき点は、「社会福祉士及び介護福祉士法」の制定により、介護福祉という用語が生まれたことである。「入浴、排泄、食事その他の介護」の「狭義の介護」が使われる時に、介護福祉の用語が登場したことで、介護に福祉の視点が加えられた。

　このように法律に基づいた介護福祉士の資格化は、介護福祉の用語の構築とともに、介護職をより専門的職業として位置づけるようになった。介護福祉の用語は介護福祉士によりその用語が登場し、介護に福祉の視点を与えたことで、「狭義の介護」がより広くなったことは事実である。西村（1997：50）は、「社会福祉の領域において理解および実施されている介護は、身体的生活援助に限定せず、社会・文化的生活援助も含め、包括的（総合的）な日常生活援助を意味している」ことから、介護より、介護福祉という表現が適切であると論じた。しかしながら、「介護」の定義も介助と混同されている状態で、「介護福祉」という用語が独立な領域として一般化されることはできなかった。

　以上のことからみると、介護とは、障害など日常生活を営むのに支障のある人に対して身辺の援助を行う行為として使われ、さらに、看護・介助・世話などを厳密に区別されずに使われるなど、その定義が明確ではなく曖昧であったことが分かる。

2．「狭義の介護」から福祉視点を含む「広義の介護」へ

　1987年に「社会福祉士及び介護福祉士法」が制定され、介護福祉の用語が登場することで、多くの研究者らは「入浴、排泄、食事その他の介護」の「狭義の介護」を指摘しながら、以下のとおりに福祉の視点をもつ広義な意味での介護の定義が求められるようになった。

　中島（1988）は、介護を「関係」のうえに成り立つ援助の行為として表現している。具体的には、衣・食・住の便宜さに関心を向け、その人が普通に獲得してきた生活の技法に注目している。これらに支障があれば「介護する」という独自の方法によって、それを補う形で支援する活動であると述べている。すなわち、中島（1988）は、健康や障害の視点からではなく、介護を受ける側の生活を重視し、その生活が成り立つための援助をする福祉の視点から「介護する」ことを「独自の方法」という表現を使い、強調した。

　岡本ら（1989：1）は、介護を福祉の専門性の視点から、介護福祉についてより詳しく論じている。従来の単なるお世話の介護に福祉をつけることによって、「介護を身体的、心理的、社会的おのおののレベルにおいて福祉の専門性、とりわけその知識、技能、価値というフィルターをとおして介護が行われる」という特性があると述べている。

　このことから、介護福祉について、これまでの単なるお世話のような介護ではなく、人の生活に焦点をあて、「その人の社会的機能と社会関係との関わりの中で、可能な限りでの自立の達成をめざす一連の身体的・心理的・社会的世話であり介護努力である（岡本ら1989：1）」と定義するとともに介護を福祉の専門性の視点からより明確に定義を広げた。

　また、笠原（2002）は「社会福祉士及び介護福祉士法」が示す介護について、心理・社会的アプローチの側面や、援助者の価値といったものが表現されていないことから、単なるお世話の介護を行う技術者としての介護福祉士しかみえて来ないと法律の介護定義について指摘した。

　以上のことからみると、利用者の生活が成り立つためには、入浴、排泄、食事等の身体的援助のみではなく、心理的援助も含むより専門的な福祉の視点が求められるようになったことが分かる。

3．医療的な介護行為を含む心身の状況に応じた「広義の介護」

　核家族化の進行や介護する家族の高齢化などにより、要介護高齢者を支えてきた家族をめぐる状況が変化し、高齢化の進展に伴う要介護高齢者の増加や介護期間の長期化による介護ニーズに対応するための、介護保険制度（2000 年）が導入された。介護保険法の第 1 条をみると、介護を「入浴、排せつ、食事等」と表現しており、法律の中でも介護の定義は介助とそれほど変わらない。

　一方で、「社会福祉士及び介護福祉士法」の 2007 年の改正により、「介護」の定義が大きく変化した。改正では、介護福祉士の「介護」を「入浴、排せつ、食事その他の介護」から「心身の状況に応じた介護」に定義規定を改めた。その背景には、従来の身体介護にとどまらない新たな介護サービスへの対応が求められるようになったからである。特に、個人の尊厳の保持や認知症等の心身の状況に応じた介護が重要視されるようになり、福祉サービス提供者、医師等の保健医療サービス提供者等との連携が新たに規定された。これは、これまで指摘されてきた身体に関わる単なる介助・介護を行うことがうかがえる狭い介護から個人の尊厳の保持や認知症の高齢者のためにこころも重要視する介護へと範囲が広がったことを意味する。

　さらに、2011 年の「介護サービスの基盤強化のための介護保険法等の一部を改正する法律」（平成 23 年法律第 72 号）の第 5 条において、「社会福祉士及び介護福祉士法」の中で介護福祉士等によるたんの吸引等の実施を行うための一部改正が行われた。この改正には、実践現場の在宅・特別養護老人ホームにおいて、必要な措置（実質的違法性阻却）として、介護職員がたんの吸引・経管栄養のうちの一定の行為を実施することを運用によって認めてきた背景がある。また、2003 年（平成 15 年）には ALS への在宅療養の支援、2005 年（平成 17 年）に ALS 以外を対象とした、たんの吸引の取り扱いについて法律に違反しないとされていた。これらの背景により、介護福祉士及び一定の研修を受けた介護職員等においては、一定の条件の下にたんの吸引等の行為を実施できるようになった。

　以上からみると、これまでのたんの吸引および経管栄養は医療行為に該当しており、医師法等により医師や看護職員のみが実施可能であったが、法律の一部改正に介護職への医療行為を一部認めることで、従来から議論されて

きた介護と医療の関係がより深くなり、介護の領域が広くなったことが分かる。

　しかしながら、医療的行為を一部認めることで、介護職に求められる介護というものがより専門的になったと考えられるが、すべての介護職にたんの吸引及び経管栄養の医療行為ができるわけではない。あくまでも介護福祉士及び一定の研修を受けた介護職員等の一定の条件を要するため、介護の領域が広くなったとはいえるが、介護の定義としてはそれほど普遍的ではないと考えられる。

第4節　考察：介護定義の変遷からみる介護職の専門性の変化

　本章では、介護職の専門性の明確化に向けて、抽象度が高い専門性をより具体化させるため、これまで行われてきた介護職の専門性に関する研究動向から専門性の構成要素を抽出し分析を行った。その結果、【利用者に関わる専門性】【チームケアに関わる専門性】【介護職の基本姿勢に関わる専門性】の3つの視点から介護職の専門性を構成する詳細な要素が導き出された。その次に、これらの3つの視点から介護職の専門性を一般化することは難しいということから、介護職にとって欠かせない根拠を探るため、介護職が行っているそもそもの介護やその領域の変化等、介護定義の変遷について検討した（表3－3）。

　その結果、介護の定義は、食事、排泄、寝起きなどの単なる起居動作の手助けの介助や日常生活の世話に関わる身の回りの世話といった介護などの介助と介護の区別が曖昧であった狭義の介護から心身の状況に応じた介護に変化し、一定の条件の下に医療的な介護行為（たんの吸引等）を含む広義の介護までその領域が拡大されていることが明らかになった（図3－2）。

　このように介護の定義とその領域は、現在においても社会的介護ニーズの変化や医療を必要とする要介護者の介護ニーズの多様化（第1章参照）により、常に変化し続けている。

　八木（2012）は、これまでの介護から介護福祉への概念の変化について、生命体の維持のレベルから日常生活の維持のレベルへ変化し、「最終的には

表 3 － 3　介護定義の変遷

関連法律及び施策	年度	介護定義の変遷（一部抜粋）	
軍人恩給法の「陸軍々人傷痍疾病恩給等差例」	1890	不具者ノ廃疾ニ罹リ起臥飲食意ノ如クナラス常ニ看護ヲ必要トスルモノ…	公的に使用されたのは法律用語であるが、看護と介護の用語が混在されて使われる
「陸軍々人傷痍疾病恩給等差例」	1892	不具モノクノ疾病トナリ常ニ介護ヲ要スルモノ…	
身体障害者福祉サービス対象者の範囲に関する通知	1892	…常に就床を要し複雑な介護を要するもので回復の見込みのないもの…	障害者に対して使われる
児童扶養手当法施行令（第二の九）	1961	…身体の機能に、労働することを不能ならしめ、かつ、常時の介護を必要とする程度の障害を有するもの…	
老人福祉施策の推進に関する意見	1962	…精神上又は身体上著しい欠陥があるため常時介護を要する老人について、これに適した処遇を効率的に行うため、その他の老人とを区別して収容するための施策を講ずべきであり…	老人という表現で高齢者に使われる
老人福祉法「特別養護老人ホームの設備及び運営に関する基準」（入所要件）	1963	…身体上又は精神上著しい障害があるために常時の介護を必要とし、居宅においてこれを受けることが困難なもの	高齢者に介護の用語が公的に使われる
「社会福祉士及び介護福祉士法」第 2 条第 2 項	1987	…専門的知識及び技術をもって身体若しくは精神上の障害があることにより日常生活を営むのに支障がある者につき入浴、排せつ、食事その他の介護…	専門的知識及び技術をもつ者が行うものとして用いられる
介護保険法（第一条）	2000	…加齢に伴って生ずる心身の変化に起因する疾病等により要介護状態となり、入浴、排せつ、食事等の介護…	入浴、排せつ、食事等を介護と表現している
「社会福祉士及び介護福祉士法」の改正	2007	…専門的知識及び技術をもって、身体上又は精神上の障害があることにより日常生活を営むのに支障がある者につき心身の状況に応じた介護…	既存の「介護」を「入浴、排せつ、食事その他の介護」から「心身の状況に応じた介護」に定義規定を改める
「介護サービスの基盤強化のための介護保険法等の一部を改正する法律」（平成 23 年法律第 72 号）	2011	第二条第二項中「応じた介護」の下に「（喀痰吸引その他のその者が日常生活を営むのに必要な行為であって、医師の指示の下に行われるもの（厚生労働省令で定めるものに限る）を含む）」を加える	医療行為の一部を認め、介護の領域が広くなる

出典：関連法律及び施策を参考に筆者作成。

図３－２　狭義の介護から広義の介護への変化

出典：筆者作成。

心理・社会的課題へのアプローチを含む人生の包括的な支援」（八木2012：
45）の社会生活の維持のレベルへと広がったと述べた。このことからみると、
介護の定義とその領域の変化に伴い介護職に求められる専門性も大きく変化
している可能性があると考えられる。

　介護職の専門性は単なる食事介助、排泄介助、入浴介助、着替え介助、掃
除、洗濯などの介護行為の知識及び技術だけではなく、それ以外に利用者の
多様なニーズに応えることや根拠のある介護を行うこと、多職種連携による
チームケア、また介護職の人間性まで求められるようになった。さらに、介
護職に対する生涯教育や研究開発などの自己研鑽が重要視され、介護を中心
的に担う専門的人材としての役割が求められている。

　すなわち、介護から介護福祉への概念の変化により、介護サービスを提
供する介護職にもより高い専門性が求められるようになってきているため、
介護を受ける側の【利用者に関わる専門性】、多職種連携による専門職との
【チームケアに関わる専門性】、主に介護を行う【介護職の基本姿勢に関わる
専門性】、これらの３つの視点は重要であり、１つとしても除外できない。こ
のことからみると、上記の３つの視点は介護職にとって利用者に質の高い介
護サービスを提供するため、必然的に求められる専門性であると考えられる。

　これらを踏まえて、次の第４章では、介護職に「求められる専門性」の理
論的枠組みを設定する。その際に、「求められる専門性」をより具体化させ

るために、実践現場で介護職が行っている介護業務に注目し、アンケート調査による実証研究を行うことが求められる。なぜならば、理論研究に止まらず、理論に関する認識を共有基盤とし、実践を通じて仮説から論理的に導出される結論を考察および検証し、実証することは専門性の確立につながるためである（加藤2012；奥田1992）。

注：本章の第2節は、同志社大学社会学会『評論・社会科学』（第125号）に掲載した論文を修正・加筆したものである。

第4章 「求められる専門性」の構成要素の具体化

第1節 本章の目的

　山手（1995：61）は、介護職の場合、実践歴が長い人や実践歴が短い人、あるいは資格取得者、その中でも、介護福祉士やそれ以外の介護関連の資格取得者が存在しており、養成ルートも様々であることから介護職全体としての生涯教育や研修の体系化の必要性について強調し、それぞれの資格段階での専門性の設定や専門性の向上を図ることは、「介護職の体系化」への次の課題であると指摘した。

　本書では、以上のように山手が述べた指摘に強く共感し、介護職を資格ごとに分けることではなく、多様なルートを経て参入した多様な人材に注目した。介護職の専門性を巡る現状から、現場の実践や政策・制度との乖離が生じたため、介護職の専門性に関する研究を行った。介護の定義が、単なる起居動作の手助けの介助（食事、排泄、寝起きなど）や日常生活の世話をする介護など、介助と介護の区別が曖昧であった「狭義の介護」から心身の状況に応じた介護に変化したこと、さらに、一定の条件の下に医療的な介護行為（たんの吸引等）を含む「広義の介護」までその領域が拡大されていることが明らかになった（第3章参照）。このことから、第3章で明らかになった【利用者に関わる専門性】【チームケアに関わる専門性】【介護職の基本姿勢に関わる専門性】という3つの視点からの専門性は、介護職の専門性として一般化することは難しいが、介護職が介護サービスを提供する時、求められる専門性の視点であることが明らかになった。

　本章では、「これが介護職の専門性であるため、介護職の専門性という項目の仮説を立て、正しいかあるいは正しくないかを検証する」という仮説を

検証することではなく、「RQ4. 介護職に求められる専門性は具体的に何で構成されているか」を明らかにする章である。

　なお、本研究で実施した調査は、第5章の「RQ5. 理論研究で明らかになった求められる専門性を含む介護業務（43項目）に対して、介護職はどのように認識しているか」と、第6章の「RQ6. 仕事の継続意向と離職意向に影響を与える要因は何か」とも関連している調査概要の章である。

　以上のRQ4（第4章）、RQ5（第5章）、RQ6（第6章）を明らかにするために、実践現場に従事する介護職を対象に、アンケート調査による量的調査を行った。なぜならば、実践現場で従事する介護職は、介護職本人が行っている介護業務から「求められる専門性」について考えている可能性があるからである。また、今回の調査分析には統計ソフトSPSS Statistics 25を用いた。

　したがって、本章では、本書における「RQ4. 介護職に求められる専門性は具体的に何で構成されているか」について明らかにすることを目的とする。具体的には、第3章の「介護職の専門性に関する先行研究の検討」で明らかになった求められる専門性の3つの視点の詳細な構成要素に加え、標準化された養成カリキュラムと介護業務の項目をもとに介護職に求められる専門性の理論的枠組みの仮説を立てる。次に、その理論的枠組みの仮説を用いて実践現場（介護老人福祉施設）に従事する介護職を対象としアンケートによる量的調査を行い、実証研究から介護職に求められる専門性の構成要素について具体的に示すことにする。

第2節　調査概要

1. 調査の対象、方法及び期間、倫理的配慮
1）調査の対象、方法及び期間
　調査の対象は公益社団法人全国老人福祉施設協議会（2018年11月1日時点）に登録されている介護老人福祉施設4,374カ所のうち、500施設に従事している介護職（1,500人）を対象とした。その選択方法としては、系統抽出法を用いて、4,374施設から500施設を間隔抽出した。

　調査方法は、郵送法による自記式質問紙法の量的調査である。具体的には、施設の施設長あてに調査依頼文、調査票と返信用封筒を郵送した。また、無作為に介護職3人を抽出して、調査依頼文、調査票、返信用封筒を配布するよう依頼し、対象者自身が調査票（無記名）に記入し、返送するよう依頼した。

　調査期間は、2019年2月1日から2019年2月28日までとした。

2）集計結果

　全国の介護老人福祉施設（4,374カ所のうち500カ所）に従事している介護職1,500人に調査票を配布し、このうち471人から回答（回収率：31.4%）が得られた。このうち、無回答や無効回答などの欠損データを除いた437人の有効回答を分析対象とした（有効回答率29.1%）。

3）倫理的配慮

　本書における調査票は「人を対象とする研究」として、同志社大学研究倫理基準に基づいて作成し、同志社大学研究倫理委員会の承認を得て調査を行った（申請番号18070号）。

　調査の実施にあたっては、本書の目的と調査の趣旨や調査結果を研究目的以外では使用しないことなどについて書面で説明した。また、個人情報の取り扱いについては、無記名調査であるため、調査票から個人が特定されないこと、協力の有無によって不利益が生じないこと、調査票の返送をもって調査の同意を得たとみなす旨について説明した。

2．調査票の構成

1）基本属性及び労働状況

　1. 性別、2. 年齢、3. 最終学歴、4. 福祉（介護・保育・児童）専攻の有無、5. 勤務年数、6. 最近1カ月間の残業回数、7. 雇用形態、8. 職位（職級）、9. 取得した資格・研修、10. 介護福祉士の養成ルートの項目で構成される。

2）基礎的知識

　基礎的知識の習得程度に関する項目は介護職の養成カリキュラム（介護職

表4－1　基礎的知識に関する質問事項

2－1　介護サービス提供に関する知識

利用者の安全に関する知識

介護における高齢者の尊厳の保持に関する知識

障害（利用者）に関する知識

認知症（利用者）に関する知識

老化に伴うこころとからだの変化に関する知識

基本的介助に関する知識

（身じたく・移動・食事・入浴、清潔保持・排泄・睡眠）

ケアマネジメントに関する知識

2－2　介護職の職務の理解に関する知識

介護職（本人）の安全に関する知識

介護職の仕事内容に関する知識

介護職の倫理綱領に関する知識

介護職の職能団体（協会・学会）に関する知識

他職種との連携（チームケア）に関する知識

2－3. 医療的ケアに関する知識

喀痰吸引に関する知識と技術

（口腔内、鼻腔内、気管カニューレ内部）

経管栄養に関する知識と技術

（胃ろう、腸ろう、経鼻経管栄養）

高齢者に多い疾患に関する知識

（認知症、脳梗塞、高血圧、糖尿病、慢性腎不全、前立腺肥大症、

褥瘡、介癬、変形性膝関節症、閉塞性動脈硬化症など）

服薬管理に関する知識

終末期の介護に関する知識

員初任者研修、実務者研修、福祉系高等学校、養成施設）を検討したうえで項目を抽出し作成した。回答形式は、「全く持っていない（1点）」「あまり持っていない（2点）」「やや持っている（3点）」「とても持っている（4点）」の4件法とし、それぞれ1～4点の得点を付与した。得点が高いほど、その項目に対する基礎的知識があることを意味する（表4－1）。

3）介護業務に関する 43 項目

　介護の定義の変遷と研究者らによる介護職に関わる専門性の文献（CiNii, 国立国会図書館のデータベース等）から導き出された【利用者に関わる専門性】【チームケアに関わる専門性】【介護職の基本姿勢に関わる専門性】を構成する詳細な要素を踏まえたうえで、介護職の養成カリキュラム（介護職員初任者研修、福祉系高等学校、実務者研修、養成施設）から介護業務における専門性の構成要素を抽出した。これらの介護業務に関する 43 項目は、信頼性を担保するため、介護職の経験のある研究者 3 人、介護職員（リーダー 2 人、一般職員 3 人）からアドバイスを受けながら作成し、大きく 7 つのカテゴリーで分類される。回答形式は、〈専門性を要する〉〈重要である〉〈できる〉の 3 つの質問項目から、それぞれに「全くそう思わない（1 点）」「あまりそう思わない（2 点）」「ややそう思う（3 点）」「とてもそう思う（4 点）」の 4 件法とし、それぞれ 1 ～ 4 点の得点を付与した。得点が高いほど、その項目に対する認識が強いことを意味する（表 4 － 2）。

4）介護職の仕事に関する考え方

　介護職の仕事に関する考え方の項目は、公益財団法人介護労働安定センター（2017）の「平成 29 年度介護労働実態調査票」（「仕事についての考え方」）を参考にし、修正を行った。回答形式は、各質問項目に「全くそう思わない（1 点）」「あまりそう思わない（2 点）」「ややそう思う（3 点）」「とてもそう思う（4 点）」の 4 件法とし、それぞれ 1 ～ 4 点の得点を付与した。Q4 の「働く上での悩み、不安、不満」の場合、得点が高いほど、働く上での悩み、不安、不満が強いことを意味する。また、「現在の仕事の満足度」の場合、得点が高いほど、現在の仕事の満足度が高いことを意味する。Q5 の場合、得点が高いほど、それぞれの項目に対する希望が強いことを意味する（表 4 － 3）。

表4－2　介護業務に関する質問事項

3－1　身体援助に関わる介護

入浴介助
排泄介助
就寝介助・起床介助
更衣（脱着）介助
食事介助
口腔ケア
体位交換・移乗・移動
清潔保持

3－2　医療的ケア

喀痰吸引の実施
経管栄養の実施
血圧・体温測定
病気・症状に合わせた介護
服薬管理
終末期の介護

3－3　生活援助に関わる介護

見守り
巡回
配下膳（配膳・下膳）
洗濯・衣類の整理
利用者の居室の掃除・ベッドメイキング
共有スペースの掃除
レクリエーションの企画

3－4　情報共有と連携

多職種との連携・情報共有
介護職員との情報提供・情報共有
介護業務日誌の記入
リスクマネジメント（利用者の安全）
介護計画の作成・見直し

3－5　個別性に沿った介護

利用者の健康状態の把握
利用者の気分の把握
利用者のニーズの把握
利用者の残存能力の把握
利用者とのコミュニケーション

3－6　利用者への尊厳

尊厳のある介護
利用者に対する倫理観
身体的虐待の予防
精神的虐待の予防
ネグレクト（放任・放置）の予防
信頼関係の構築

3－7　自己啓発

業務バランスの維持（介護業務に偏りがない）
自己啓発（研修参加、自己学習）
職業の倫理保持
適切な判断能力
責任感の保持
同僚（部下も含む）へのアドバイス

表 4 - 3 　介護職の仕事に関する考え方

4. 働く上での悩み、不安、不満

人手が足りない

仕事内容のわりに賃金が低い

有給休暇が取りにくい

身体的負担が大きい（腰痛や体力、感染症、怪我）に不安がある

精神的にきつい

業務に対する社会的評価が低い

休憩が取りにくい

夜間や深夜時間帯に何か起きるのではないかと不安がある

労働時間が不規則である

労働時間が長い

福祉機器の不足、機器操作の不慣れ、施設の構造に不安がある

雇用が不安定である

不払い残業がある

職務として行う医的な行為に不安がある

正規職員になれない

仕事中の怪我などへの補償がない

5. 現在の仕事の満足度

仕事の内容・やりがい

職場の人間関係、コミュニケーション

職場の環境

雇用の安定性

労働時間・休日等の労働条件

勤務体制

福利厚生

職業生活全体

キャリアアップの機会

人事評価・処遇のあり方

賃金

教育訓練・能力開発のあり方

6. 仕事に関する希望

今の仕事（介護職）を続けたい

介護関係の別の勤務先で働きたい

介護以外の福祉関係の別の勤務先で働きたい

介護・福祉関係以外の別の勤務先で働きたい

3. 分析の対象者

　回答者の基本属性及び労働状況の集計結果は、表4－4のとおりである。

1）基本属性

　【性別】をみると、「男性」が42.1％（184名）、「女性」が57.9％（253名）であり、「女性」の回答者が多い。【年齢】は、「30歳以上から40歳未満」が33.4％（146名）で最も多く、次いで「40歳以上から50歳未満」が30.2％（132名）、「20歳以上から30歳未満」が18.5％（81名）、「60歳以上から70歳未満」が2.7％（12名）、「20歳未満」が0.2％（1名）の順であった。「30歳から50歳未満」が半数以上の63.6％（278名）を占めている。

　【最終学歴】では、高等学校が35.2％（154名）で最も多く、次いで専門学校が31.8％（139名）で高等学校と専門学校が全体の67.0％（293名）を占めている。【福祉専攻の有無】では、「いいえ」と答えた回答者が53.1％（232名）であり、「はい」と答えた回答者は46.9％（205名）であった。【取得資格】（多重応答）では、「介護福祉士」の資格取得者が89.0％（389名）で最も高い割合を占めており、「無資格者」は1.8％（8名）と最も低かった。【介護福祉士の養成ルート】では、「実務経験3年」が62.5％（243名）で最も高い割合を占めており、次いで「養成施設（2年以上）」が27.5％（107名）である。それ以外の「保育士養成施設等卒業後、養成施設（1年課程）」や「高校福祉科卒業」「養成施設（大学・4年課程)」「福祉系大学・社会福祉士養成施設等卒業後、養成施設（1年課程）」での養成ルートは全体で10.0％（39名）と占める割合は低かった。

2）労働状況

　【勤務年数】は「6年以上から9年未満」が16.0％（70名）で最も多く、次いで「3年以上から6年未満」と「15年以上から18年未満」が14.2％（62名）で同一であった。3年未満が8.0％（35名）で最も少なかった。

　【残業回数】では、「1回以上から5回未満」が38.4％（168名）で最も多く、次いで「残業なし」が32.5％（142名）であったが、「残業なし」と「残業あり」のように分けると、「残業あり」は67.5％（295名）で全体の半数以上を占めている。【雇用形態】では、「正規職員」が95.9％（419名）で圧倒的に

多かった。【職位】は「一般職」が61.8%（270名）で最も多く、次いで、「主任級（リーダー）」が26.3%（115名）、「管理職級（介護長）」が11.9%（52名）の順であった。

表 4 － 4　基本属性及び労働状況（小数第 2 位を四捨五入）

	N	%
性別		
男性	184	42.1
女性	253	57.9
計	437	100.0
年齢		
20 歳未満	1	0.2
20 歳以上～ 30 歳未満	81	18.5
30 歳以上～ 40 歳未満	146	33.4
40 歳以上～ 50 歳未満	132	30.2
50 歳以上～ 60 歳未満	65	14.9
60 歳以上～ 70 歳未満	12	2.7
70 歳以上	0	0.0
計	437	100.0
最終学歴		
小学校	1	0.2
中学校	9	2.1
高等学校	154	35.2
専門学校	139	31.8
短期大学	69	15.8
大学	65	14.9
大学院	0	0.0
計	437	100.0
福祉専攻の有無		
はい	205	46.9
いいえ	232	53.1
計	437	100.0
勤務年数（全体）		
3 年未満	35	8.0
3 年以上～ 6 年未満	62	14.2
6 年以上～ 9 年未満	70	16.0
9 年以上～ 12 年未満	57	13.0
12 年以上～ 15 年未満	57	13.0
15 年以上～ 18 年未満	62	14.2
18 年以上～ 21 年未満	45	10.3
21 年以上	49	11.2
計	437	100.0

	N	%
残業回数（最近一か月間）		
残業なし	142	32.5
1 回以上～ 5 回未満	168	38.4
5 回以上～ 10 回未満	71	16.2
10 回以上～ 15 回未満	29	6.6
15 回以上～ 20 回未満	15	3.4
20 回以上～ 25 回未満	12	2.7
計	437	100.0
雇用形態		
正規職員	419	95.9
フルタイムパート	12	2.7
派遣職員	2	0.5
パートタイム・アルバイト	4	0.9
計	437	100.0
職位		
管理職級（介護長）	52	11.9
主任級（リーダー）	115	26.3
一般職員（介護職員）	270	61.8
計	437	100.0
取得資格（多重応答）		
無資格	8	1.8
認定介護福祉士	3	0.7
介護福祉士	389	89.0
実務者研修	37	8.5
介護職員初任者研修	42	9.6
ホームヘルパー	98	22.4
介護職員基礎研修	17	3.9
社会福祉士	15	3.4
社会福祉主事	60	13.7
保育士	21	4.8
その他（資格）		
介護支援専門員	30	6.9
調理師	1	0.2
栄養士	2	0.5
喀痰吸引等研修	2	0.5
保母	1	0.2

	N	%		N	%
その他（続き）			**介護福祉士の養成ルート**		
精神福祉士	1	0.2	高校福祉科卒業	7	1.8
レクインストラクター	1	0.2	養成施設（2年以上）	107	27.5
認知症実践者研修	3	0.7	養成施設（大学・4年課程）	11	2.8
サービス管理責任者	1	0.2	福祉系大学・社会福祉士養成施設等卒業後、養成施設（1年課程）	16	4.1
幼稚園教論二種	2	0.5			
キャリアパスリーダー研修	1	0.2	保育士養成施設等卒業後、養成施設（1年課程）	5	1.3
准看護師	1	0.2			
レクリエーション介護士	1	0.2	実務経験3年	243	62.5
ユニットリーダー研修	1	0.2	計	389	100.0
認知症ケア専門士	1	0.2			
計	739	-			

第3節 「求められる専門性」の構成要素の構造化

1. 「求められる専門性」の項目の設定

　井上（2000）は、実践現場において介護の質を測る科学的な枠組みが明確にされていないことや、さまざまなレベルの者が介護現場に参入することによって、サービスのレベルに差が生じることについて指摘した。また、鈴木（2010：26）は、介護福祉士に焦点を当て、ケアの指標の開発の重要性について、「ケアの質を左右するのは、介護福祉士が行う技術であり、その技術を明確にすることで、介護ケアの質の評価指標を計測可能なものとして提案できるのではないか」と論じた。

　しかしながら、実践現場は介護福祉士のみが存在するのではなく、多様なルートを経て多様な人材が参入しているため、専門的な知識と技術の理論の習得に差が発生する可能性がある。また、実践現場で人材ごとに行っている介護業務に差はない。介護職が介護業務を行っている際に、どの介護業務に専門性が求められているのか、あるいは、どの介護業務ができていて、どの介護業務ができていないのかが分からず、正しい判断ができない場合がある。上記の鈴木（2010）が述べたように、「ケアの質を左右する」のが介護職であれば、介護職によって利用者に提供する介護サービスにも差が発生することが推測される。

　このことから、質の高い介護サービスの提供のため、ある資格種類ごとに

介護職の専門性の向上を図るのではなく、介護職を介護分野への代表的な職業の1つと捉え、介護職として保つべき専門性を向上させることが求められる。

　しかしながら、介護職の専門性も明確ではない現時点で何を根拠に介護職の専門性を向上させるのかは疑問である。第3章でも明らかになったように、専門性の概念は時代とともに変化していくため、現時点で介護職に「求められる専門性」について改めて明らかにすることが求められる。

　したがって、現時点で介護職に「求められる専門性」について明らかにするために、ある程度の専門的な知識と技術を習得したとみなされる「外形的要件」である資格制度の標準化されたカリキュラムを踏まえ、介護業務の43項目を抽出し、実践現場に従事する介護職を対象にアンケート調査を行う。その結果から、探索的因子分析を行い、介護職が介護業務を行う際に「求められる専門性」の構造を探る。

　具体的な介護業務の43項目の抽出は、次の二段階で実施した。

　第一段階は、第3章の介護職の専門性に関する先行研究レビューを通して明らかになった【利用者に関わる専門性】【チームケアに関わる専門性】【介護職の基本姿勢に関わる専門性】の3つの視点と、介護定義の変遷から明らかになった狭義の介護から広義の介護への変化の検討である。

　食事、排泄、寝起きなどの単なる起居動作の手助けの介助から心身の状況に応じた介護（一定の条件の下での医療的介護行為を含む）に変化した介護定義の変遷からも読み取れるように、第3章で明らかになった3つの視点は介護職にとって独自的な介護サービスを提供するための本質的な技術に必然的に求められる専門性であるため、【利用者に関わる専門性】【チームケアに関わる専門性】【介護職の基本姿勢に関わる専門性】の3つの視点も加える。

　第二段階は、標準化された資格制度のカリキュラムの検討である。

　ここでの標準化されたカリキュラムはこれまで不明確で抽象的であった介護職の専門性を構成する要素を具体化させる根拠の1つを意味しており、画一的な介護業務を目指すことを意味してはいない。資格種類や資格取得の有無にかかわらず、介護職として保つべき専門性を保障するために、「外形的要件」の資格制度によって標準化されたカリキュラムを判断基準の提示のための材料として用いる。

以上のことから、実践現場の介護業務に関する43項目を抽出した（表4－5）。なお、これらの質問項目は介護職の経験のある研究者3人、介護職員（リーダー2人、一般職員3人）からアドバイスを受け、作成した。また、介護職10人にプレ調査を行い、介護業務として重要である「見守り」「巡回」「配下膳（配膳・下膳）」「レクリエーションの企画」「服薬管理」「同僚と部下へのアドバイス」の項目の補充を行った。

表4－5　介護業務に関する43項目[7]

	項目	プレ調査	先行研究	介護職員初任者研修	実務者研修	福祉系高等学校	養成施設
1	入浴介助			9-2-⑨	2-4, 2-5	2-3, 3-1	2-3, 3-4
2	排泄介助			9-2-⑩	2-4, 2-5	2-3, 3-1	2-3, 3-4
3	就寝（睡眠）介助・起床介助			9-2-⑪	2-4, 2-5	2-3, 3-1	2-3, 3-4
4	更衣（脱着）介助			9-2-⑥	2-4, 2-5	2-3, 3-1	2-3, 3-4
5	食事介助			9-2-⑧	2-4, 2-5	2-3, 3-1	2-3, 3-4
6	口腔ケア			9-2-⑧	2-4, 2-5	2-3, 3-1	2-3, 3-4
7	体位交換・移乗・移動			9-2-⑦	2-4, 2-5	2-3, 3-1	2-3, 3-4
8	清潔保持			9-2-⑥	2-4, 2-5	2-3, 3-1	2-3, 3-4
9	喀痰吸引の実施				4-1	2-3	4-1
10	経管栄養の実施				4-1	2-3	4-1
11	血圧・体温測定			9-1-③	4-1	2-3	4-1
12	病気・疾病の症状に合わせた介護			7, 8, 9	3-1, 3-2	3-1	3-1, 3-4
13	服薬管理	✓					
14	終末期の介護			9-2-⑫	2-5	2-3	2-3
15	見守り	✓					
16	巡回	✓					
17	配下膳（配膳・下膳）	✓					
18	洗濯・衣類の整理			9-2-④・⑤	2-4	2-3	2-3
19	利用者の居室の掃除			9-2-④・⑤	2-4	2-3	2-3
20	共有スペースの掃除			9-2-④・⑤	2-4	2-3	2-3
21	レクリエーションの企画	✓					
22	多職種との連携・情報共有		2, 3, 5, 6, 7, 8, 10, 16, 18, 20, 21	5-②	2-2, 2-3, 2-7	2-2, 2-6	2-2, 2-6

23	介護職員との情報提供・情報共有			2-3	1-1	1-2
24	介護業務日誌の記入		5-②	2-3	2-2	2-2
25	リスクマネジメント			2-2	2-1	2-1
26	介護計画の作成・見直し	17, 19		2-6, 2-7, 2-8	2-4, 2-6	2-4, 2-6
27	利用者の健康状態の把握	1, 12	6, 7	3-7, 3-8	3-1	3-1, 3-2, 3-3
28	利用者の気分の把握	1, 12		3-7, 3-8	3-1	3-4
29	利用者のニーズの把握	1, 12		3-7, 3-8	3-1	3-4
30	利用者の残存能力の把握	1, 12		3-7, 3-8	2-3	2-3
31	利用者とのコミュニケーション	6, 14	5-①	2-3	1-1, 2-2, 2-6	1-2, 2-2, 2-6
32	尊厳のある介護	21	2	1-1, 2-1	1-1, 2-1, 2-3	1-1, 2-1, 2-3
33	利用者に対する倫理観	13, 16, 20	2	2-1, 2-2	1-1, 2-1, 2-3	1-1, 2-1
34	身体的虐待の予防			2-1, 2-3	2-1	2-1
35	精神的虐待の予防			2-1, 2-4	2-1	2-1
36	ネグレクト（放任・放置）の予防			2-1, 2-5	2-1	2-1
37	信頼関係の構築	15, 16	5-①	2-3	1-1	1-2, 2-6
38	業務バランスの維持	7				
39	自己啓発（研修参加，自己学習）	7,15,19				
40	職業の倫理保持		3-②	2-1	1-1, 2-1	1-1, 2-1
41	適切な判断能力	3, 9, 14, 15	9-3-⑭	2-8	2-4	2-4
42	責任感の保持	3, 13	3-②			
43	同僚へのアドバイス	✓				

出典：表 3 - 1 の文献、厚生労働省（2012）「介護員養成研修の取扱細則について」
（https://www.mhlw.go.jp/file/06-Seisakujouhou-12300000-Roukenkyoku/
kaigoinnyouseikennsyuu.pdf，2018.12.12）、厚生労働省（2018b）「介護福祉士
の養成カリキュラム等について」（https://www.mhlw.go.jp/file/05-Shingikai-
12601000-Seisakutoukatsukan-Sanjikanshitsu_Shakaihoshoutantou/0000142797.
pdf，2018.12.12）、厚生労働省（2018c）「介護福祉士養成課程のカリキュラム
（案）」（https://www.mhlw.go.jp/file/05-Shingikai-12601000-Seisakutoukatsukan-
Sanjikanshitsu_Shakaihoshoutantou/0000194333.pdf，2018.10.1）を参考に筆者作成。

7　補足資料の表 4 - 5 - 1 〜表 4 - 5 - 5 を参照。

2. 「求められる専門性」の因子構造

　介護職が介護業務を行う際に求められる専門性の因子構造を明らかにするため、介護業務の43項目に対する〈専門性を要する〉の認識程度（「全くそう思わない（1点）」「あまりそう思わない（2点）」「ややそう思う（3点）」「とてもそう思う（4点）」）の結果を用いて、探索的因子分析（最尤法、プロマックス回転）を行った。

　因子数は固有値1以上のガットマン基準を採用し、固有値の大きさをプロットし、推移がなだらかになる前までを抽出するスクリー基準にした。さらに、因子の解釈可能性に基づき、天井効果（4<M + SD）を示す項目と因子負荷量が0.35未満の項目も加えた。その主な理由は因子の解釈可能性である。

　因子負荷量分布の偏りを意味する天井効果（4<M + SD）を示す項目が観測されたが、「一部で用いられている平均±標準偏差が項目得点の取り得る範囲を超えたら、その項目は天井効果・床効果を示したとして除外するという手続きは、平均が同じなら分散の大きい項目のほうを除外することになり、適切とは言えない（南風原2012：214 − 215）」。天井効果・床効果の基準を機械的に適用することで「研究対象の標本の分布によって、項目が削除されることになる（清水2018:201）」ため、理論研究である程度の根拠があると判断した。その結果、介護業務の43項目のうち2項目（終末期の介護、介護計画の作成・見直し）が除外され、41項目から「身体援助」「生活援助」「気づきを伴う連携」「人間の尊厳」「介護職の基本姿勢」「医療的ケア」の6つの因子構造が抽出された（表4 − 6）。

　各因子は「　」で表記し、その因子の内容は［　］で表記する。

　第1因子は、［入浴介助］［排泄介助］［就寝介助・起床介助］［更衣（脱着）介助］［口腔ケア］［食事介助］［体位交換・移乗・移動］［清潔保持］に関する項目で構成されたため、「身体援助」因子と命名した。

　第2因子は、［洗濯・衣類の整理］［共有スペースの掃除］［利用者の居室の掃除］［配下膳（配膳・下膳）］［血圧・体温測定］［巡回］［レクリエーションの企画］［見守り］に関する項目で構成されたため、「生活援助」因子と命名した。

　第3因子は、［利用者のニーズの把握］［利用者の気分の把握］［利用者の

表4－6　「求められる専門性」の因子分析の結果

項目	因子負荷量					
	第1因子	第2因子	第3因子	第4因子	第5因子	第6因子
●身体援助（Cronbach α：0.901）						
Q3－1　入浴介助	0.886	-0.113	-0.010	-0.010	0.014	-0.110
Q3－2　排泄介助	0.883	-0.002	-0.163	0.079	-0.028	-0.026
Q3－3　就寝介助・起床介助	0.827	0.148	-0.130	-0.028	0.020	-0.063
Q3－4　更衣（脱着）介助	0.781	0.055	-0.104	-0.041	0.036	0.048
Q3－6　口腔ケア	0.533	0.008	0.104	-0.015	-0.030	0.203
Q3－5　食事介助	0.515	-0.059	0.040	0.076	-0.112	0.339
Q3－7　体位交換・移乗・移動	0.514	-0.168	0.180	-0.033	0.011	0.292
Q3－8　清潔保持	0.499	0.227	0.089	0.088	-0.066	0.041
●生活援助（Cronbach α：0.896）						
Q3－18　洗濯・衣類の整理	-0.004	0.902	-0.142	-0.014	0.070	-0.093
Q3－20　共有スペースの掃除	-0.115	0.853	-0.115	-0.069	0.231	-0.051
Q3－29　利用者の居室の掃除	-0.031	0.850	-0.037	-0.031	-0.001	0.013
Q3－17　配下膳	0.085	0.756	0.082	-0.024	-0.097	-0.070
Q3－11　血圧・体温測定	0.153	0.468	0.046	-0.068	0.063	0.159
Q3－16　巡回	0.175	0.424	0.273	0.040	-0.088	0.045
Q3－21　レクリエーションの企画	-0.004	0.402	0.266	-0.002	0.103	-0.056
Q3－15　見守り	0.175	0.388	0.260	0.109	-0.127	0.052
●気づきを伴う連携（Cronbach α：0.904）						
Q3－29　利用者のニーズの把握	-0.121	-0.019	0.829	0.136	-0.048	-0.016
Q3－28　利用者の気分の把握	-0.081	0.093	0.762	-0.008	0.025	-0.051
Q3－27　利用者の健康状態の把握	-0.163	0.060	0.756	-0.048	-0.032	0.180
Q3－23　介護職員との情報提供・情報共有	0.131	-0.147	0.738	-0.179	0.280	-0.146
Q3－30　利用者の残存能力の把握	-0.169	0.072	0.694	0.109	-0.185	0.227
Q3－22　多職種との連携・情報共有	0.086	-0.190	0.650	-0.096	0.292	-0.100
Q3－25　リスクマネジメント	0.059	-0.084	0.648	0.070	-0.039	0.095
Q3－31　利用者とのコミュニケーション	-0.017	0.196	0.568	0.126	0.049	-0.114
Q3－24　介護業務日誌の記入	0.204	-0.058	0.522	-0.116	0.339	-0.153
●人間の尊厳（Cronbach α：0.930）						
Q3－35　精神的虐待の予防	-0.049	-0.061	-0.049	0.982	0.014	0.080
Q3－36　ネグレクトの予防	0.084	-0.054	-0.082	0.967	-0.006	-0.054
Q3－34　身体的虐待の予防	-0.036	-0.019	-0.006	0.920	0.036	0.035
Q3－33　利用者に対する倫理観	0.040	-0.028	0.240	0.474	0.195	-0.121
Q3－37　信頼関係の構築	0.080	0.088	0.099	0.454	0.311	-0.178
Q3－32　尊厳のある介護	0.057	0.000	0.199	0.442	0.189	-0.138
●介護職の基本姿勢（Cronbach α：0.877）						
Q3－42　責任感の保持	-0.088	0.072	0.020	0.039	0.790	0.088
Q3－39　自己啓発	-0.048	0.062	-0.007	-0.044	0.760	0.105
Q3－40　職業の倫理保持	0.017	-0.005	-0.060	0.083	0.721	0.189
Q3－38　業務バランスの維持	0.059	0.172	-0.086	0.052	0.572	-0.031
Q3－43　同僚へのアドバイス	-0.073	0.051	0.096	0.177	0.487	0.130
Q3－41　適切な判断能力	-0.048	-0.007	0.087	0.181	0.462	0.248

項目	因子負荷量					
	第1因子	第2因子	第3因子	第4因子	第5因子	第6因子
●医療的ケア（Cronbach α：0.632）						
Q3－9 喀痰吸引の実施	-0.050	-0.053	-0.073	0.055	0.095	0.590
Q3－10 経管栄養の実施	0.081	-0.049	-0.062	-0.098	0.152	0.525
Q3－12 病気・症状に合わせた介護	0.095	-0.057	0.126	-0.037	0.116	0.472
Q3－13 服薬管理	0.061	0.229	0.129	-0.070	0.081	0.307
因子間相関	1 1					
	2 0.545	1				
	3 0.642	0.599	1			
	4 0.414	0.481	0.683	1		
	5 0.414	0.544	0.655	0.657	1	
	6 0.471	0.218	0.424	0.260	0.091	1
除外された項目	Q3－14 終末期の介護 Q3－26 介護計画の作成・見直し					

健康状態の把握］［介護職員との情報提供・情報共有］［利用者の残存能力の把握］［多職種との連携・情報共有］［リスクマネジメント］［利用者とのコミュニケーション］［介護業務日誌の記入］に関する項目で構成されたため、「気づきを伴う連携」因子と命名した。

　第4因子は、［精神的虐待の予防］［ネグレクトの予防］［身体的虐待の予防］［利用者に対する倫理観］［信頼関係の構築］［尊厳のある介護］に関する項目で構成されたため、「人間の尊厳」因子と命名した。

　第5因子は、［責任感の保持］［自己啓発］［職業の倫理保持］［業務バランスの維持］［同僚へのアドバイス］［適切な判断能力］に関する項目で構成されたため、「介護職の基本姿勢」因子と命名した。

　第6因子は、［喀痰吸引の実施］［経管栄養の実施］［病気・症状に合わせた介護］［服薬管理］に関する項目で構成されたため、「医療的ケア」因子と命名した。

　因子の内的整合性のCronbach α係数は、第1因子0.901、第2因子0.896、第3因子0.904、第4因子0.930、第5因子0.877、第6因子0.632で、第6因子以外の因子は0.80以上の高い値であった。

　さらに、「求められる専門性」に関する認識程度について検討するため、各因子の下位項目を加算し、その平均を算出した（表4－7、図4－1）。第1因子から第6因子の各下位項目の平均値を比較したところ、「医療的ケア

（3.79 ± 0.45）」＞「気づきを伴う連携（3.41 ± 0.68）」＝「人間の尊厳（3.41
± 0.77）」＞「身体援助（3.32 ± 0.69）」＞「介護職の基本姿勢（3.25 ± 0.81）」
＞「生活援助（2.66 ± 0.84）」の順に得点が高かった。

表4－7　「求められる専門性」の因子得点の平均値

	平均値	標準偏差
第1因子　身体援助	3.32	0.69
第2因子　生活援助	2.66	0.84
第3因子　気づきを伴う連携	3.41	0.68
第4因子　人間の尊厳	3.41	0.77
第5因子　介護職の基本姿勢	3.25	0.81
第6因子　医療的ケア	3.79	0.45

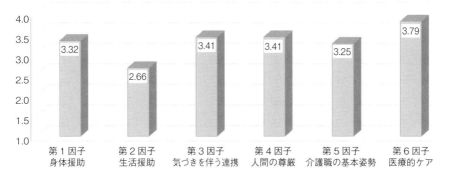

図4－1　「求められる専門性」の因子得点の平均値

第 4 節　考察：「求められる専門性」の意味及び限界

　過去の実践現場で行われた経験の蓄積や継承だけではなく、知識や技術、倫理が統合化された根拠に基づいて介護の実践を積み重ねていくことが、専門性の確立へつながる根拠となる（黒澤ら 2017：6）が、その反面、「現場や制度から、学問を修正することもある」（秋山 2008：118）。本章では、これからの介護職の専門性の向上に向けての方向性を考えるためには、これまで不明確であった介護職の専門性を構成する要素を探ることが必要であることから、その土台となる基礎研究を行った。

　まず、第 3 章「介護職の専門性に関する先行研究の検討」で明らかになった 3 つの求められる専門性の視点である【利用者に関わる専門性】【チームケアに関わる専門性】【介護職の基本姿勢に関わる専門性】に加え、標準化された資格制度の養成カリキュラムから介護業務（43 項目）を具体化させた。これをもとに介護老人福祉施設に従事する介護職を対象にアンケート調査（量的調査）を行い、求められる専門性の因子構造について明らかにするため、探索的因子分析を行った。

　その結果、本章における介護職に「求められる専門性」は、「身体援助」「生活援助」「気づきを伴う連携」「人間の尊厳」「介護職の基本姿勢」「医療的ケア」の 6 つの因子によって構成されていた。その平均値の得点は、「医療的ケア（3.79 ± 0.45）」＞「気づきを伴う連携（3.41 ± 0.68）」＝「人間の尊厳（3.41 ± 0.77）」＞「身体援助（3.32 ± 0.69）」＞「介護職の基本姿勢（3.25 ± 0.81）」＞「生活援助（2.66 ± 0.84）」の順であり、以下では、平均値の得点が高い順の因子からその意味について深く考察したい。

1.「医療的ケア」の意味

　「医療的ケア」は、[喀痰吸引の実施] [経管栄養の実施] [病気・症状に合わせた介護] [服薬管理] で構成され、主に医療的知識や技術が重視される内容である。特に、医療的ケアの業務は、医師・看護師等の医療職との連携のもとで、適切な判断で安全に行うため、専門性が求められる業務として認識していると考えられる。

　寺嶋ら（2004）が施設の介護福祉士を対象に実施したインタビュー調査の結果をみると、介護福祉士が捉えている介護福祉の専門性とは、利用者の気持ちを重要視し生活の視点からの援助のことであり、その専門性に医療は含まれていなかった。この結果に対して、寺嶋ら（2004：160）は、実際の介護業務内容には、医療行為が入り込んでいるため、その医療行為を「介護業務の一部として無意識に認識している可能性」があると論じた。

　寺嶋ら（2004）が研究を行った当時には、［喀痰吸引の実施］や［経管栄養の実施］等の医療的ケアに関する業務を介護職が行うことができなかったが、「社会福祉士及び介護福祉士法」の一部改正により、2012年4月1日から［喀痰吸引・経管栄養］という医療行為の一部を、医療資格を持たなかった介護職が、認定特定行為業務従事者認定証を得て一定の条件の下、実施できるようになった。さらに、介護福祉士の場合、介護保険法等一部改正法により、2015年度以降はその業務として医療的ケア（喀痰吸引等）を行うことが可能となり、養成施設の養成課程においても、医療的ケア（喀痰吸引等）に関する教育を行うことが必要となった。その2年後の2017年に行われた第29回の介護福祉士の国家試験より「医療的ケア」が出題科目に追加された。

　以上の経緯からみると、［喀痰吸引の実施］［経管栄養の実施］は介護福祉士及び一定の研修を受けた介護職のみができる業務独占の性格をもつため、2015年以前に介護福祉士の資格を取得した者や喀痰吸引等研修のような一定の研修を受けていない介護職にとっては新しい領域である。このことから、現時点での介護職は［喀痰吸引の実施］［経管栄養の実施］の業務をより専門性が求められる業務として認識している可能性がある。

　一方、［病気・症状に合わせた介護］［服薬管理］は、業務独占ではなく、介護職なら誰でも行える業務であるが、介護職は身近な場所で身体状態の変化をいち早く知ることのできる立場であるため、状態の変化を早期に正確に発見し、判断しなければならない。そのため、利用者の病気・症状や薬の効能・副作用等に対する医学的知識が必要とされる。

　以上のことからみると、「医療的ケア」は、社会的ニーズ（第1章、第3章の第3節参照）から重視される業務であり、これから認知症や医療ニーズが必要な要介護高齢者が著しく増加するという見込みからみると、必要不可欠

な介護業務である。

「医療的ケア」は、介護福祉士及び一定の研修を受けた介護職のみができる業務独占の性格をもちながら、理論的根拠に基づく知識が求められる新しい領域であり、利用者の生命と密接に関連している業務である。そのため、介護職は「医療的ケア」をより専門性が求められる業務として認識していると考えられる。

2. 「気づきを伴う連携」の意味

「気づきを伴う連携」は、［利用者のニーズの把握］［利用者の気分の把握］［利用者の健康状態の把握］［介護職員との情報提供・情報共有］［利用者の残存能力の把握］［多職種との連携・情報共有］［リスクマネジメント］［利用者とのコミュニケーション］［介護業務日誌の記入］に関する項目で構成され、利用者の状態に即し、多職種と情報を共有しながら連携することが重視される内容である。

「社会福祉士及び介護福祉士法」第47条をみると、「介護福祉士は、その業務を行うに当たっては、その担当する者に、認知症であること等の心身の状況その他の状況に応じて、福祉サービス等が総合的かつ適切に提供されるよう、福祉サービス関係者等との連携を保たなければならない」と連携について明確に示されている。

安藤（2015：10）は、看取り介護を行っている特別養護老人ホームにおいて、介護職と共に看取り期における支援を行っている看護師・管理栄養士・歯科衛生士・理学療法士・社会福祉士を調査対象とし、インタビュー調査を行い、「今後の介護職に期待する役割」について明らかにした。「今後の介護職に期待する役割」としては、気づきの発信、介護職としての専門性の発揮、多職種との連携といった役割が挙げられた。特に最も多く挙げられたのは気づきの発信の役割であり、それは「介護職から発信してほしいという語りが多く、発信するためには観察する力・気づく力が必要であり、介護職としての発信力・観察力が強く求められている」ことを意味していた。

このことからみると、「気づきを伴う連携」を行うことで、利用者に二次的障害が発生しないように、予防的な機能をもちながら、早期に介入できる機能ももつと考えられる。そのため、介護職には利用者のニーズを的確に把

握し、状態を考慮しながら、そのニーズに適切に応えられるように多職種との連携が求められる。すなわち、「個々の知識や技術に加え職員の意識・態度によりチームケアの方向性は大きく影響される」（加藤 2012：113）ことから、介護職は「気づきを伴う連携」をより専門性が求められる業務として認識していると考えられる。

3. 「人間の尊厳」の意味

　「人間の尊厳」は、［精神的虐待の予防］［ネグレクトの予防］［身体的虐待の予防］［利用者に対する倫理観］［信頼関係の構築］［尊厳のある介護］に関する項目で構成され、利用者の人権を守り、自ら意思決定できるように援助することが重視される内容である。人生の最期まで個人として尊重され、その人らしく暮らしていくことは誰もが望むことであるため、仮に介護が必要な認知症の状態になったとしても、個人として尊重されたい、理解されたいという思いは同じである（高齢者介護研究会 2003）。

　2006 年（平成 18 年）4 月に施行された「高齢者虐待の防止、高齢者の養護者に対する支援等に関する法律」では、高齢者の尊厳の保持にとって高齢者に対する虐待を防止することが極めて重要であることから高齢者虐待の防止、養護者に対する支援等に関する施策を促進し、高齢者の権利利益の擁護に資することを目的としている。

　虐待を受けたと思われる高齢者の多くに認知症の影響がみられていることから、高齢者虐待や不適切なケア（例えば、ネグレクトなど）の防止のために、認知症高齢者への理解や信頼関係の構築が求められている（認知症介護研究・研修センター 2008）。さらに、高齢者虐待とは、高齢者の尊厳を脅かすものであることから、高齢者虐待が生じるということは、利用者に対する倫理観や介護職としての職業倫理等の専門性が欠如している、あるいは薄れていることを表している。

　第 3 章の第 2 節である介護職の専門性の検討で明らかになったように、近年の認知症高齢者の増加や世帯構成の変化など介護ニーズの多様化により、介護を行う際に必要な専門的知識・技術の中には、倫理的価値観を基盤とする人間の尊厳、生命尊重等の介護職の内面的な人間性まで求められている。また、第 3 章の第 3 節である介護定義の変遷の検討で述べたように、介護は

時代の流れとともに、身体に関わる単なる介助・介護を行うことがうかがえる狭い介護から個人の尊厳の保持や認知症の高齢者のためにこころも重要視する介護へと範囲が広がった。特に、認知症ケアは大きく変化してきており、1990年頃より認知症高齢者の残存能力や自己決定、主体性を論じる研究や実践での取り組みがみられはじめた。これに対して、小澤（1995）は、良心的な臨床家の中では、認知症高齢者にも自らの幸福を追求する権利や能力があるという考え方をもつことが常識のようになってきたと論じた。

　以上のことからみると、介護職は、認知症のことで自分の意思を表明することが困難な高齢者に対して、尊厳のある介護を行う「人間の尊厳」を専門性が求められる介護業務として認識していると考えられる。

4.「身体援助」の意味

　「身体援助」は、［入浴介助］［排泄介助］［就寝介助・起床介助］［更衣（脱着）介助］［口腔ケア］［食事介助］［体位交換・移乗・移動］［清潔保持］に関する項目で構成され、利用者の身体に直接触れて行う援助が重視される内容である。

　一番ヶ瀬ら（1991）によると、食事、排泄、入浴などの介護行為は、利用者にとってきわめて身近なものであり、利用者の生活とも密接に関連していることであると述べている。例えば、間違った食事介助や口腔ケアで誤嚥性肺炎になったり、あるいは長時間体位交換が行われず、褥瘡ができたりする場合もある。すなわち、介護職は、生命と直接に関わっていないものの、大きく影響を与えていることから「身体援助」をより専門性が求められる業務として認識していると考えられる。

5.「介護職の基本姿勢」の意味

　「介護職の基本姿勢」は、［責任感の保持］［自己啓発］［職業の倫理保持］［業務バランスの維持］［同僚へのアドバイス］［適切な判断能力］に関する項目で構成され、プロの意識をもちながら、プロとして利用者を援助することが重視されている内容である。

　日本介護福祉士会が1995年11月17日に宣言した倫理綱領の「2．専門的サービスの提供」をみると、「介護福祉士は、常に専門的知識・技術の研鑽

に励むとともに、豊かな感性と的確な判断力を培い、深い洞察力をもって専門的サービスの提供に努めます」と規定されている。すなわち、利用者の生活の質の向上を図るためには、専門的サービスの提供が求められる。さらに、専門的サービスを提供するためには、的確な判断力と深い洞察力が求められ、常に専門的知識・技術の研鑽に励むことが重要であることを意味する。

　プロの意識をもち、プロの介護職として、利用者に専門的サービスを提供することが重要であるため、「介護職の基本姿勢」は、より専門性が求められる業務の1つとして認識していると考えられる。

6. 「生活援助」の意味

　「生活援助」は、［洗濯・衣類の整理］［共有スペースの掃除］［利用者の居室の掃除］［配下膳（配膳・下膳）］［血圧・体温測定］［巡回］［レクリエーションの企画］［見守り］に関する項目で構成され、利用者が人間らしく生きられるように援助することが重視される内容である。一番ヶ瀬ら（2005）は、洗濯、掃除などについて、生活を支えるという観点から介護と家政は相互に関係し、生活に関わる家政業務も日々の生活を営むうえで、不可欠な行為であるため、介護の範疇に入ると述べている。また、［血圧・体温測定］［巡回］［見守り］の介護業務では、利用者の健康状態の把握が求められるため、利用者に何かがあった場合、早期に介入でき、転倒・転落等によるケガや事故の防止など安心・安全な生活につながると考えられる。このことからみると、介護職は、「生活援助」を専門性が求められる業務として認識していると考えられる。

7. 削除された項目の意味からみる因子分析の限界

　一方、削除された［終末期の介護］［介護計画の作成・見直し］の2つの項目も介護職にとって、必要不可欠な介護業務であると考えられる。その理由は、以下のとおりである。

　第一に、終末期の介護を受ける高齢者、看取り介護の高齢者が増加しているため、［終末期の介護］は必要不可欠である。2006年の介護保険制度改正により、介護老人福祉施設における看取り介護加算と重度化対応加算が創設されたことから、［終末期の介護］の質の向上も注目されている。さらに、

第1章「高齢社会において介護職の専門性が問われる理由」でも述べたように、団塊の世代が75歳以上となる2025年とそれ以降の看取りが定まらない看取り難民に対応することが求められている。すなわち、社会的期待を寄せられる施設への看取りは、医療と介護のシームレスな連携も期待されていることから、［終末期の介護］も「医療的ケア」に関する介護業務として含まれると考えられる。

　第二に、一人一人の利用者が望む生活を実現させるためには［介護計画の作成・見直し］は必要不可欠である。介護計画とは、介護職が作成するものであり、介護支援専門員が作成するケアプランとは異なる。具体的に説明すると、介護過程における介護計画は、介護支援専門員が立てたケアプランをもとに、介護職の立場から利用者の生活課題を解決する具体的方法を示したものである（介護福祉士養成講座編集委員会編2015）。特に、アセスメントに基づいて計画を立てる介護過程の展開において、情報を収集していく際の利用者の態度やコミュニケーションからの「気づき」は重要である。

　介護計画はケアプランと異なるが、ケアプランをもとに作成するため、介護職は、多職種との情報共有を行い連携することが必要不可欠であり、介護計画を作成する時は、細やかな観察・態度・コミュニケーション等の「気づき」から、利用者の現状を把握し、専門的知識を基盤とし、適切に判断することが求められる。これらからみると、「介護計画の作成・見直し」は、「気づきを伴う連携」に含まれると考えられる。

　以上のことからみると、本章で行った探索的因子分析は、あくまで自分が得られたデータから仮説を手探りで「探索する」ことであるため、妥当性があるかは、さらなる検証が必要である。また、探索的因子分析の因子負荷量の基準や回転方法、データのサンプリング数の影響で、理論研究で導出された［終末期の介護］［介護計画の作成・見直し］の2つの介護業務の項目が削除されたため、その妥当性については数値として説明できないことが本調査における分析方法の限界である。

　次の第5章では、以上の限界を克服するため、介護業務における43項目をすべて活かして、再検討を行う。

第5章　介護業務に対する介護職の認識程度

第1節　本章の目的

　第4章では、実践現場（介護老人福祉施設）に従事する介護職を対象にアンケートによる量的調査を実施し、探索的因子分析を用いて介護職に求められる専門性の構成要素について示した。その際に、探索的因子分析の因子負荷量の基準や回転方法、データのサンプリング数の影響で［終末期の介護］と［介護計画の作成・見直し］の項目が削除されたが、これらの項目も介護業務において重要であるという理論的根拠に基づいた考察から、介護業務の重要性について再検討を行う必要があると述べた。

　そこで、本章では「RQ5. 理論研究で明らかになった求められる専門性を含む介護業務に対して、介護職はどのように認識しているか」に答えるため、介護老人福祉施設に従事する介護職を対象としたアンケート調査（量的調査）の結果をもとに分析を行う。具体的には、探索的因子分析の統計的限界[8]で削除された介護業務である［終末期の介護］［介護計画の作成・見直し］も含め、介護職が行う介護業務（43項目）を〈専門性を要する〉〈重要である〉〈できる〉の3つの質問項目から検討し、それぞれの認識程度について明らかにする。

　以上のことを踏まえて、本章では、量的確保及び質的確保、両方の人材確保の観点から次の2点について明らかにすることを目的とする。第一に、限られた人材を有効に活用するために、介護職だけでなくても対応可能な業務を整理し、機能分化が可能な介護業務について明らかにする。第二に、これ

8　探索的因子分析の因子負荷量の基準や回転方法、データのサンプリング数の影響で［終末期の介護］［介護計画の作成・見直し］が削除された。

からより質の高い介護サービスを提供できる人材を育成するため、現時点で介護職が「専門性を要しながら、重要であると考えるが、できない」と認識している介護業務について明らかにする。この目的を設定する主な理由は、本書において、介護人材の確保を巡って発生する政策と実態との乖離の問題や実践現場における介護職の介護サービスの質の問題等を解決できる切り口を探るためである。

　なお、第4章で示したように、本章の調査概要は、第4章と同一である。

第2節　介護業務に対する介護職の認識程度の特徴

　本章では、理論研究で明らかになった求められる専門性を含む介護業務（43項目）に対して、介護職はどのように認識しているかについて明らかにするため、介護業務の43項目に対する〈専門性を要する〉〈重要である〉〈できる〉の認識程度（「全くそう思わない（1点）」「あまりそう思わない（2点）」「ややそう思う（3点）」「とてもそう思う（4点）」）の結果を用いて、単純集計による平均値と割合からみられる特徴について示す。さらに、これらの解釈の理解を図るため、第4章で明らかになった介護業務の43項目に対する「求められる専門性」の因子構造である身体援助（Ⅰ）、生活援助（Ⅱ）、気づきを伴う連携（Ⅲ）、人間の尊厳（Ⅳ）、介護職の基本姿勢（Ⅴ）、医療的ケア（Ⅵ）、6つを分類のツールとして使用する（表5－1）。

1.〈専門性を要する〉介護業務に対する介護職の認識程度
　〈専門性を要する〉介護業務に単純集計による平均値と割合の結果からみられる特徴は以下の通りである。
　表5－2の〈専門性を要する〉介護業務をみると、平均値が最も高い項目は［喀痰吸引の実施（3.91 ± 0.34）］＞［経管栄養の実施（3.86 ± 0.41）］＞［病気・症状に合わせた介護（3.81 ± 0.42）］＞［介護計画の作成・見直し（3.80 ± 0.42）］＞［終末期の介護（3.70 ± 0.55）］の順であり、これらの5つの項目の中で「医療的ケア（Ⅵ）」に関わる介護業務が4つの項目を占めている。

表5－1　「求められる専門性」分類のツール

区分	大項目	詳細な項目
I	身体援助 （8項目）	［入浴介助］［排泄介助］［就寝介助・起床介助］［更衣（脱着）介助］［口腔ケア］［食事介助］［体位交換・移乗・移動］［清潔保持］
II	生活援助 （8項目）	［洗濯・衣類の整理］［共有スペースの掃除］［利用者の居室の掃除］［配下膳（配膳・下膳）］［血圧・体温測定］［巡回］［レクリエーションの企画］［見守り］
III	気づきを伴う連携 （10項目）	［利用者のニーズの把握］［利用者の気分の把握］［利用者の健康状態の把握］［介護職員との情報提供・情報共有］［利用者の残存能力の把握］［多職種との連携・情報共有］［リスクマネジメント］［利用者とのコミュニケーション］［介護業務日誌の記入］［介護計画の作成・見直し］
IV	人間の尊厳 （6項目）	［精神的虐待の予防］［ネグレクトの予防］［身体的虐待の予防］［利用者に対する倫理観］［信頼関係の構築］［尊厳のある介護］
V	介護職の基本姿勢 （6項目）	［責任感の保持］［自己啓発］［職業の倫理保持］［業務バランスの維持］［同僚へのアドバイス］［適切な判断能力］
VI	医療的ケア （5項目）	［喀痰吸引の実施］［経管栄養の実施］［病気・症状に合わせた介護］［服薬管理］［終末期の介護］

出典：筆者作成。

表5－2　〈専門性を要する〉介護業務

順位	区分	介護業務	度数（%, n = 437）						平均値	標準偏差
			1	2	合計	3	4	合計		
1	VI	喀痰吸引の実施	0.2	0.7	0.9	7.3	91.8	99.1	3.91	0.34
2	VI	経管栄養の実施	0.0	2.3	2.3	9.4	88.3	97.7	3.86	0.41
3	VI	病気・症状に合わせた介護	0.0	1.4	1.4	16.0	82.6	98.6	3.81	0.42
4	III	介護計画の作成・見直し	0.2	0.2	0.4	19.0	80.5	99.5	3.80	0.42
5	VI	終末期の介護	0.2	4.1	4.3	21.1	74.6	95.7	3.70	0.55
6	III	リスクマネジメント	0.2	3.7	3.9	24.0	72.1	96.1	3.68	0.55
7	III	利用者の残存能力の把握	0.0	3.0	3.0	30.9	66.1	97.0	3.63	0.54
8	I	食事介助	0.2	4.6	4.8	31.4	63.8	95.2	3.59	0.59
9	VI	服薬管理	0.7	6.9	7.6	27.5	65.0	92.5	3.57	0.65
10	III	利用者の健康状態の把握	0.2	4.1	4.3	35.0	60.6	95.6	3.56	0.59

順位	区分	介護業務	度数 (%, n = 437)						平均値	標準偏差
			1	2	合計	3	4	合計		
11	Ⅰ	体位交換・移乗・移動	0.2	7.1	7.3	30.0	62.7	92.7	3.55	0.64
12	Ⅳ	精神的虐待の予防	2.1	6.9	9.0	26.5	64.5	91.0	3.54	0.71
13	Ⅲ	多職種との連携・情報共有	0.7	7.6	8.3	30.9	60.9	91.8	3.52	0.67
14	Ⅴ	適切な判断能力	2.1	5.7	7.8	32.7	59.5	92.2	3.50	0.70
15	Ⅳ	身体的虐待の予防	2.1	9.6	11.7	25.9	62.5	88.4	3.49	0.75
16	Ⅳ	ネグレクトの予防	2.1	8.7	10.8	29.1	60.2	89.3	3.47	0.74
17	Ⅲ	利用者のニーズの把握	0.9	9.4	10.3	36.8	52.9	89.7	3.42	0.70
18	Ⅰ	口腔ケア	0.2	9.6	9.8	38.4	51.7	90.1	3.42	0.67
19	Ⅳ	尊厳のある介護	1.8	10.3	12.1	33.9	54.0	87.9	3.40	0.75
20	Ⅳ	利用者に対する倫理観	1.8	12.4	14.2	30.7	55.1	85.8	3.39	0.77
21	Ⅴ	同僚へのアドバイス	3.0	7.6	10.6	38.2	51.3	89.5	3.38	0.75
22	Ⅲ	介護職員との情報提供・情報共有	1.8	11.9	13.7	36.2	50.1	86.3	3.35	0.76
23	Ⅰ	排泄介助	0.5	11.4	11.9	46.2	41.9	88.1	3.30	0.68
24	Ⅴ	職業の倫理保持	2.1	12.1	14.2	40.3	45.5	85.8	3.29	0.76
25	Ⅰ	入浴介助	0.5	11.4	11.9	46.9	41.2	88.1	3.29	0.68
26	Ⅲ	介護業務日誌の記入	1.8	14.6	16.4	42.1	41.4	83.5	3.23	0.76
27	Ⅲ	利用者の気分の把握	0.7	16.9	17.6	43.9	38.4	82.3	3.20	0.74
28	Ⅰ	更衣(脱着)介助	1.6	15.1	16.7	46.2	37.1	83.3	3.19	0.74
29	Ⅳ	信頼関係の構築	4.3	19.5	23.8	29.7	46.5	76.2	3.18	0.90
30	Ⅴ	責任感の保持	5.0	17.6	22.6	32.7	44.6	77.3	3.17	0.89
31	Ⅴ	自己啓発	4.1	17.6	21.7	35.9	42.3	78.2	3.16	0.86
32	Ⅰ	清潔保持	0.7	18.8	19.5	44.6	35.9	80.5	3.16	0.74
33	Ⅲ	利用者とのコミュニケーション	3.4	20.6	24.0	39.1	36.8	75.9	3.09	0.84
34	Ⅰ	就寝介助・起床介助	1.4	21.3	22.7	47.8	29.5	77.3	3.05	0.75
35	Ⅱ	見守り	2.7	20.4	23.1	50.3	26.5	76.8	3.01	0.76
36	Ⅴ	業務バランスの維持	5.3	23.8	29.1	37.5	33.4	70.9	2.99	0.89
37	Ⅱ	巡回	2.1	24.5	26.6	46.5	26.5	73.0	2.98	0.77
38	Ⅱ	血圧・体温測定	4.1	24.9	29.0	41.4	29.5	70.9	2.96	0.84
39	Ⅱ	レクリエーションの企画	5.9	21.5	27.4	44.6	27.9	72.5	2.95	0.85
40	Ⅱ	利用者の居室の掃除	10.5	41.2	51.7	34.6	13.7	48.3	2.51	0.86
41	Ⅱ	配下膳(配膳・下膳)	14.4	41.4	55.8	33.6	10.5	44.1	2.40	0.86
42	Ⅱ	共有スペースの掃除	22.9	39.1	62.0	27.2	10.8	38.0	2.26	0.93
43	Ⅱ	洗濯・衣類の整理	21.1	47.1	68.2	24.7	7.1	31.8	2.18	0.84

出典：筆者作成。

　一方、平均値が最も低い項目をみると、［洗濯・衣類の整理（2.18 ± 0.84）］＜［共有スペースの掃除（2.26 ± 0.93）］＜［配下膳（配膳・下膳）（2.40 ± 0.86）］＜［利用者の居室の掃除（2.51 ± 0.86）］＜［レクリエーションの企画（2.95 ± 0.85）］＜［血圧・体温測定（2.96 ± 0.84）］＜［巡回（2.98 ± 0.77）］の順であり、これら7つの項目すべてが、「生活援助（Ⅱ）」に関わる介護業務の項目であった。

　ここで注目すべき点は、平均値ではなく、認識程度（「全くそう思わない（1点）」「あまりそう思わない（2点）」「ややそう思う（3点）」「とてもそう思う（4点）」）の割合である。特に、〈専門性を要する〉介護業務に対して「ややそう思う（3点）」「とてもそう思う（4点）」と答えた回答者の割合をみると、図5−1の通りである。

　特に、「医療的ケア（Ⅳ）」に関する介護業務のすべての5つの項目が9割以上を占めていた。また、「身体援助（Ⅰ）」に関する介護業務の中でも、［食事介助］［体位交換・移乗・移動］［口腔ケア］の3つの項目が9割以上を占めていた。これらの項目は、誤嚥性肺炎や褥瘡、転倒による骨折等、生命に関わる介護業務であるため、より専門性が求められる介護業務として考えていると予測できる。

　さらに、第4章の探索的因子分析の統計的限界[9]で削除された「気づきを伴う連携（Ⅲ）」に関する介護業務に含まれる［介護計画の作成・見直し］の項目が99.5%で最も高い割合を占めていた。

　一方で、〈専門性を要する〉介護業務に対して回答者の5割未満が「ややそう思う（3点）」「とてもそう思う（4点）」と答えた項目は、［利用者の居室の掃除］［配下膳（配膳・下膳）］［共有スペースの掃除］［洗濯・衣類の整理］であった。主に「生活援助（Ⅱ）」に関する介護業務の項目が比較的に低い割合を占めていた。言い換えれば、これらの介護業務の項目は〈専門性を要する〉介護業務として、回答者の5割以上が「全くそう思わない（1点）」「あまりそう思わない（2点）」と答えたことである。

9　探索的因子分析の因子負荷量の基準や回転方法、データのサンプリング数の影響で［終末期の介護］［介護計画の作成・見直し］が削除された。

〈専門性を要する〉・「ややそう思う（３点）」

9割以上

Ⅵ 「医療的ケア」（5/5）

1. 喀痰吸引の実施（99.1%）
2. 経管栄養の実施（97.7%）
3. 病気・症状に合わせた介護（98.6%）
5. 終末期の介護（95.7%）
9. 服薬管理（92.5%）

Ⅲ 「気づきを伴う連携」（5/10）

4. 介護計画の作成・見直し（99.5%）
6. リスクマネジメント（96.1%）
7. 利用者の残存能力の把握（97.0%）
10. 利用者の健康状態の把握（95.6%）
13. 多職種との連携・情報共有（91.8%）

Ⅰ 「身体援助」（3/8）

8. 食事介助（95.2%）
11. 体位交換・移乗・移動（92.7%）
18. 口腔ケア（90.1%）

Ⅳ 「人間の尊厳」（1/6）

12. 精神的虐待の予防（91.0%）

Ⅴ 「介護職の基本姿勢」（1/6）

14. 適切な判断能力（92.2%）

8割以上

Ⅳ 「人間の尊厳」（4/6）

15. 身体的虐待の予防（88.4%）
16. ネグレクトの予防（89.3%）
19. 尊厳のある介護（87.9%）
20. 利用者に対する倫理観（85.8%）

Ⅲ 「気づきを伴う連携」（4/10

17. 利用者のニーズの把握（89.7%）
22. 介護職員との情報提供・情報共有（86.3%）
26. 介護業務日誌の記入（83.5%）
27. 利用者の気分の把握（82.3%）

Ⅴ 「介護職の基本姿勢」（2/6）

21. 同僚へのアドバイス（89.5%）
24. 職業の倫理保持（85.8%）

Ⅰ 「身体援助」（4/8）

23. 排泄介助（88.1%）
25. 入浴介助（88.1%）
28. 更衣（脱着）介助（83.3%）
32. 清潔保持（80.5%）

図５－１　<専門性を要する>・「ややそう思う（３点）

出典：筆者作成。

とてもそう思う（4点)」

| 7割以上 | 5割　未満 |

7割以上

Ⅳ 「**人間の尊厳**」 （1/6）

　29. 信頼関係の構築 （76.2%）

Ⅴ 「**介護職の基本姿勢**」 （3/6）

　30. 責任感の保持 （77.3%）

　31. 自己啓発 （78.2%）

　36. 業務バランスの維持 （70.9%）

Ⅰ 「**身体援助**」（1/8）

　34. 就寝介助・起床介助 （77.3%）

Ⅲ 「**気づきを伴う連携**」 （1/10）

　33. 利用者とのコミュニケーション
　　　（75.9%）

Ⅱ 「**生活援助**」 （4/8）

　35. 見守り （76.8%）

　37. 巡回 （73.0%）

　38. 血圧・体温測定 （70.9%）

　39. レクリエーションの企画
　　　（72.5%）

5割　未満

Ⅱ 「**生活援助**」（4/8）

　40. 利用者の居室の掃除 （48.3%）

　41. 配下 膳 （配膳・下膳）（44.1%）

　42. 共有スペースの掃除 （38.0%）

　43. 洗濯・衣類の整理 （31.8%）

「とてもそう思う（4点)」の割合

2. 〈重要である〉介護業務に対する介護職の認識程度

　表5－3の〈重要である〉介護業務をみると、介護業務に対する43項目のすべてで〈重要である〉の認識が高かった。また、〈重要である〉に対して「ややそう思う（3点）」「とてもそう思う（4点）」と答えた割合は7割から9割を占めている。

　平均値が最も高い項目をみると、［身体的虐待の予防（3.91 ± 0.30）］＞［精神的虐待の予防（3.89 ± 0.31）］＞［介護職員との情報提供・情報共有（3.87 ± 0.35）］＞［リスクマネジメント（3.87 ± 0.34）］＞［信頼関係の構築（3.86 ± 0.37）］＞［利用者の健康状態の把握（3.85 ± 0.37）］＞［利用者に対する倫理観（3.84 ± 0.39）］＞［多職種との連携・情報共有（3.84 ± 0.38）］＞［尊厳のある介護（3.83 ± 0.40）］の順であり、これらの10の項目のうちの6つの項目は「人間の尊厳（Ⅳ）」に関わる介護業務であり、そのすべての項目が含まれていた。

　一方、平均値が最も低い項目をみると、［洗濯・衣類の整理（2.95 ± 0.82）］＜［配下膳（配膳・下膳）（3.01 ± 0.81）］＜［共有スペースの掃除（3.20 ± 0.80）］＜［利用者の居室の掃除（3.24 ± 0.78）］＜［業務バランスの維持（3.43 ± 0.73）］＜［レクリエーションの企画（3.46 ± 0.65）］＜［更衣（脱着）介助（3.47 ± 0.64）］＜［就寝介助・起床介助（3.48 ± 0.62）］＜［見守り（3.62 ± 0.53）］＜［自己啓発（3.62 ± 0.54）］の順であり、これら10の項目のうちの6つの項目は「生活援助（Ⅱ）」に関わる介護業務の項目であった。

表5－3　〈重要である〉介護業務

順位	区分	介護業務	度数（%, n = 437）						平均値	標準偏差
			1	2	合計	3	4	合計		
1	Ⅳ	身体的虐待の予防	0.0	0.2	0.2	8.9	90.8	99.7	3.91	0.30
2	Ⅳ	精神的虐待の予防	0.0	0.2	0.2	10.1	89.7	99.8	3.89	0.31
3	Ⅲ	介護職員との情報提供・情報共有	0.0	0.5	0.5	11.9	87.6	99.5	3.87	0.35
4	Ⅳ	ネグレクトの予防	0.0	0.7	0.7	11.7	87.6	99.3	3.87	0.36
5	Ⅲ	リスクマネジメント	0.0	0.2	0.2	12.6	87.2	99.8	3.87	0.34
6	Ⅳ	信頼関係の構築	0.0	0.7	0.7	13.0	86.3	99.3	3.86	0.37
7	Ⅲ	利用者の健康状態の把握	0.0	0.2	0.2	14.9	84.9	99.8	3.85	0.37
8	Ⅳ	利用者に対する倫理観	0.2	0.5	0.7	14.0	85.4	99.4	3.84	0.39
9	Ⅲ	多職種との連携・情報共有	0.0	0.2	0.2	16.0	83.8	99.8	3.84	0.38

順位	区分	介護業務	度数 (%, n = 437)						平均値	標準偏差
			1	2	合計	3	4	合計		
10	Ⅳ	尊厳のある介護	0.0	0.9	0.9	14.9	84.2	99.1	3.83	0.40
11	Ⅵ	病気・症状に合わせた介護	0.0	0.5	0.5	16.0	83.5	99.5	3.83	0.39
12	Ⅵ	喀痰吸引の実施	0.2	0.7	0.9	15.1	84.0	99.1	3.83	0.41
13	Ⅵ	終末期の介護	0.7	1.4	2.1	14.6	83.3	97.9	3.81	0.48
14	Ⅲ	介護計画の作成・見直し	0.0	0.7	0.7	18.1	81.2	99.3	3.81	0.41
15	Ⅵ	服薬管理	0.2	1.1	1.3	17.8	80.8	98.6	3.79	0.45
16	Ⅰ	食事介助	0.2	0.5	0.7	19.7	79.6	99.3	3.79	0.44
17	Ⅲ	利用者の残存能力の把握	0.0	1.1	1.1	19.0	79.9	98.9	3.79	0.44
18	Ⅰ	入浴介助	0.0	0.7	0.7	20.1	79.2	99.3	3.78	0.43
19	Ⅰ	排泄介助	0.0	1.1	1.1	19.7	79.2	98.9	3.78	0.44
20	Ⅰ	体位交換・移乗・移動	0.0	0.7	0.7	21.1	78.3	99.4	3.78	0.43
21	Ⅴ	適切な判断能力	0.2	1.1	1.3	19.7	78.9	98.6	3.77	0.46
22	Ⅴ	責任感の保持	0.2	1.4	1.6	19.5	78.9	98.4	3.77	0.47
23	Ⅲ	利用者とのコミュケーション	0.2	1.1	1.3	21.3	77.3	98.6	3.76	0.47
24	Ⅲ	介護業務日誌の記入	0.2	2.7	2.9	18.1	78.9	97.0	3.76	0.50
25	Ⅰ	口腔ケア	0.0	1.1	1.1	22.4	76.4	98.8	3.75	0.46
26	Ⅲ	利用者のニーズの把握	0.0	1.1	1.1	22.7	76.2	98.9	3.75	0.46
27	Ⅵ	経管栄養の実施	0.5	1.8	2.3	20.6	77.1	97.7	3.74	0.51
28	Ⅴ	同僚へのアドバイス	0.2	1.1	1.3	24.0	74.6	98.6	3.73	0.48
29	Ⅰ	清潔保持	0.2	0.9	1.1	27.9	70.9	98.8	3.70	0.49
30	Ⅲ	利用者の気分の把握	0.2	2.5	2.7	28.6	68.6	97.2	3.66	0.54
31	Ⅱ	血圧・体温測定	0.0	3.7	3.7	28.6	67.7	96.3	3.64	0.55
32	Ⅱ	巡回	0.5	2.3	2.8	30.2	67.0	97.2	3.64	0.55
33	Ⅴ	職業の倫理保持	0.2	3.0	3.2	29.7	67.0	96.7	3.64	0.55
34	Ⅴ	自己啓発	0.2	2.1	2.3	33.2	64.5	97.7	3.62	0.54
35	Ⅱ	見守り	0.0	2.1	2.1	33.9	64.1	98.0	3.62	0.53
36	Ⅰ	就寝介助・起床介助	0.2	6.2	6.4	38.7	54.9	93.6	3.48	0.62
37	Ⅰ	更衣（脱着）介助	0.5	6.4	6.9	38.7	54.5	93.2	3.47	0.64
38	Ⅱ	レクリエーションの企画	1.1	5.3	6.4	40.5	53.1	93.6	3.46	0.65
39	Ⅴ	業務バランスの維持	1.6	9.8	11.4	32.0	56.5	88.5	3.43	0.73
40	Ⅱ	利用者の居室の掃除	2.5	13.3	15.8	41.4	42.8	84.2	3.24	0.78
41	Ⅱ	共有スペースの掃除	3.4	13.3	16.7	42.8	40.5	83.3	3.20	0.80
42	Ⅱ	配下膳（配膳・下膳）	3.2	22.9	26.1	43.5	30.4	73.9	3.01	0.81
43	Ⅱ	洗濯・衣類の整理	4.3	23.1	27.4	46.0	26.5	72.5	2.95	0.82

出典：筆者作成。

3. 〈できる〉介護業務に対する介護職の認識程度

　表5－4の〈できる〉介護業務をみると、すべての介護業務（43項目）に対して回答者の5割以上が「ややそう思う（3点）」「とてもそう思う（4点）」と答えた。

　さらに、図5－2をみると、「気づきを伴う連携（Ⅲ）」の［介護計画の作成・見直し］、「介護職の基本姿勢（Ⅴ）」の［自己啓発］［同僚へのアドバイス］、「医療的ケア（Ⅳ）」の［終末期の介護］は8割未満であったが、7割以上を占めていた。また、「医療的ケア（Ⅳ）」に関する介護業務の［喀痰吸引の実施（68.6%）］は7割未満であり、［経管栄養の実施（55.6%）］は6割未満を占めていた。

　このように、5割以上から8割未満の過半数以上の回答者が［介護計画の作成・見直し］［自己啓発］［同僚へのアドバイス］［終末期の介護］［喀痰吸引の実施］［経管栄養の実施］の介護業務に対して、〈できる〉（「ややそう思う（3点）」「とてもそう思う（4点）」）と答えていた。言い換えれば、それ以外の2割以上から5割未満の回答者は〈できる〉に対して、「全くそう思わない（1点）」「あまりそう思わない（2点）」と答えたことである。また、平均値が最も低い項目をみると、［経管栄養の実施（2.54 ± 1.06）］＜［喀痰吸引の実施（2.81 ± 0.98）］＜［終末期の介護（2.95 ± 0.82）］＜［同僚へのアドバイス（2.96 ± 0.73）］＜［自己啓発（2.97 ± 0.67）］＜［介護計画の作成・見直し（2.99 ± 0.78）］の順である。

　具体的に〈できる〉介護業務に対して「全くそう思わない（1点）」「あまりそう思わない（2点）」と答えた項目をみると、［介護計画の作成・見直し（24.5%）］［自己啓発（22.2%）］［同僚へのアドバイス（24.5%）］［終末期の介護（27.3%）］は2割以上を占めている。さらに、［経管栄養の実施（31.4%）］は3割以上を占めており、［喀痰吸引の実施（44.4%）］は4割以上を占めている。

　ここで注目すべき点は、本調査の分析対象者（多重応答、437名）の中、取得資格の有無について尋ねたところ、89.0%（389名）が「介護福祉士」の国家資格の取得者であり、「無資格者」は1.8%（8名）で最も低かったことである。すなわち、資格取得の有無に関係なく、本調査における介護職の場合、［介護計画の作成・見直し］［自己啓発］［同僚へのアドバイス］［終末期の介護］［喀痰吸引の実施］［経管栄養の実施］の介護業務を行う際に〈でき

表5－4　〈できる〉介護業務

順位	区分	介護業務	度数（%, n＝437）						平均値	標準偏差
			1	2	合計	3	4	合計		
1	Ⅳ	身体的虐待の予防	0.2	5.5	5.7	46.0	48.3	94.3	3.42	0.61
2	Ⅱ	配下膳（配膳・下膳）	1.4	7.8	9.2	39.6	51.3	90.9	3.41	0.69
3	Ⅰ	排泄介助	0.7	4.1	4.8	49.0	46.2	95.2	3.41	0.61
4	Ⅱ	血圧・体温測定	0.9	5.0	5.9	46.7	47.4	94.1	3.41	0.63
5	Ⅲ	介護業務日誌の記入	0.9	5.3	6.2	48.3	45.5	93.8	3.38	0.63
6	Ⅲ	介護職員との情報提供・情報共有	0.9	3.7	4.6	52.2	43.2	95.4	3.38	0.60
7	Ⅱ	巡回	1.1	5.3	6.4	49.0	44.6	93.6	3.37	0.64
8	Ⅰ	更衣（脱着）介助	0.2	6.2	6.4	50.6	43.0	93.6	3.36	0.61
9	Ⅰ	食事介助	0.5	5.7	6.2	50.8	43.0	93.8	3.36	0.61
10	Ⅰ	体位交換・移乗・移動	0.9	4.8	5.7	51.3	43.0	94.3	3.36	0.62
11	Ⅰ	就寝介助・起床介助	9.0	4.8	13.8	51.5	42.8	94.3	3.36	0.62
12	Ⅱ	利用者の居室の掃除	1.1	8.2	9.3	44.6	46.0	90.6	3.35	0.68
13	Ⅳ	ネグレクトの予防	0.2	8.0	8.2	48.3	43.5	91.8	3.35	0.63
14	Ⅳ	精神的虐待の予防	0.7	6.9	7.6	49.7	42.8	92.5	3.35	0.64
15	Ⅰ	入浴介助	0.9	4.8	5.7	53.8	40.5	94.3	3.34	0.61
16	Ⅰ	清潔保持	0.5	5.5	6.0	55.1	38.9	94.0	3.32	0.60
17	Ⅱ	見守り	0.7	5.0	5.7	55.8	38.4	94.2	3.32	0.60
18	Ⅳ	信頼関係の構築	0.2	8.2	8.4	54.9	36.6	91.5	3.28	0.62
19	Ⅱ	共有スペースの掃除	2.1	8.5	10.6	49.2	40.3	89.5	3.28	0.70
20	Ⅲ	利用者とのコミュニケーション	0.7	8.2	8.9	54.5	36.6	91.1	3.27	0.64
21	Ⅱ	洗濯・衣類の整理	2.3	10.3	12.6	46.5	41.0	87.5	3.26	0.73
22	Ⅰ	口腔ケア	0.9	9.4	10.3	54.9	34.8	89.7	3.24	0.65
23	Ⅲ	リスクマネジメント	0.9	8.7	9.6	57.2	33.2	90.4	3.23	0.64
24	Ⅳ	利用者に対する倫理観	0.7	8.9	9.6	58.4	32.0	90.4	3.22	0.63
25	Ⅴ	責任感の保持	0.9	9.6	10.5	58.1	31.4	89.5	3.20	0.64
26	Ⅲ	利用者の健康状態の把握	0.2	8.2	8.4	62.9	28.6	91.5	3.20	058
27	Ⅲ	多職種との連携・情報共有	0.9	10.5	11.4	56.8	31.8	88.6	3.19	0.65
28	Ⅲ	利用者の気分の把握	1.1	9.2	10.3	63.4	26.3	89.7	3.15	0.62
29	Ⅲ	利用者の残存能力の把握	0.5	13.7	14.2	57.4	28.4	85.8	3.14	0.65
30	Ⅴ	業務バランスの維持	2.3	14.0	16.3	52.4	31.4	83.8	3.13	0.73
31	Ⅳ	尊厳のある介護	0.7	12.1	12.8	61.1	26.1	87.2	3.13	0.63
32	Ⅵ	病気・症状に合わせた介護	1.8	12.8	14.6	56.3	29.1	85.4	3.13	0.69

順位 区分 介護業務	度数（%, n = 437）						平均値	標準偏差
	1	2	合計	3	4	合計		
33 Ⅵ 服薬管理	3.2	13.7	16.9	51.3	31.8	83.1	3.12	0.76
34 Ⅴ 適切な判断能力	0.7	14.9	15.6	60.9	23.6	84.5	3.07	0.64
35 Ⅲ 利用者のニーズの把握	0.7	15.3	16.0	60.4	23.6	84.0	3.07	0.64
36 Ⅴ 職業の倫理保持	0.7	15.6	16.3	60.0	23.8	83.8	3.07	0.65
37 Ⅱ レクリエーションの企画	2.5	17.2	19.7	51.5	28.8	80.3	3.07	0.75
38 Ⅲ 介護計画の作成・見直し	3.2	21.3	24.5	48.7	26.8	75.5	2.99	0.78
39 Ⅴ 自己啓発	0.9	21.3	22.2	57.7	20.1	77.8	2.97	0.67
40 Ⅴ 同僚へのアドバイス	2.1	22.4	24.5	53.3	22.2	75.5	2.96	0.73
41 Ⅵ 終末期の介護	4.6	22.7	27.3	46.2	26.5	72.7	2.95	0.82
42 Ⅵ 喀痰吸引の実施	14.0	17.4	31.4	42.3	26.3	68.6	2.81	0.98
43 Ⅵ 経管栄養の実施	22.7	21.7	44.4	35.0	20.6	55.6	2.54	1.06

出典：筆者作成。

る〉程度の質問に対して、2割以上から5割未満の介護職が他の介護業務と比べてできないと答えたことである。

4. 介護業務の平均値の差からみられる特徴

本章で注目したい結果は「専門性を要しながら、重要であると考えるが、できない」と認識している介護業務と、「専門性を要しなくて、重要ではないと考えるが、できる」と認識している介護業務である。以下ではこの2つの結果に注目して詳しく述べたい。

まず、「専門性を要しながら、重要であると考えるが、できない」と認識している介護業務の場合、その介護業務に対する知識・技術が欠けている可能性がある。図5-3をみると、〈専門性を要する〉の平均値が高い項目に対して〈重要である〉の平均値も高く、〈重要である〉は［洗濯・衣類の整理］を除いてすべての項目の平均値が3点以上である。すなわち、［洗濯・衣類の整理］を除いた介護業務の42項目は、介護職が介護業務を行う際に、重要であると認識していることである。

具体的に〈専門性を要する〉の平均値が高いながら、〈できる〉の平均値が3点未満である項目のうち、最も差が大きい項目をみると、［経管栄養の実施（3.86 － 2.54 ＝ 1.32）］＞［喀痰吸引の実施（3.91 － 2.81 ＝ 1.10）］＞［介護計画の作成・見直し（3.80 － 2.99 ＝ 0.81）］＞［終末期の介護（3.70 － 2.95

= 0.75)〕＞〔同僚へのアドバイス（3.38 − 2.96 = 0.39）〕＞〔自己啓発（3.16
− 2.97 = 0.19）〕の順である（図 5 − 3）。

　このように「医療的ケア（Ⅳ）」に関する介護業務の〔経管栄養の実施〕
〔喀痰吸引の実施〕「気づきを伴う連携（Ⅲ）」に関する介護業務の〔介護計
画の作成・見直し〕と「介護職の基本姿勢（Ⅴ）」に関する介護業務の〔同
僚へのアドバイス〕〔自己啓発〕において〈専門性を要する〉の平均値は高
くて、〈できる〉の平均値は低く、さらにその差が大きくみられたことは、
それぞれの介護業務に対する知識・技術が欠けている可能性がある。

　次いで、「専門性を要しなくて、重要ではないと考えるが、できる」と認
識している介護業務の場合、専門性を要しないながら、重要でもないと認識
しているが、できるということは、介護職だけでなくても他の人材が対応可
能な業務であるともいえる。

　具体的に〈専門性を要する〉の平均値が最も低いながら、〈できる〉の
平均値が 3 点以上である項目のうち、最も差が高い項目をみると、〔洗濯・
衣類の整理（2.18 − 3.26 = -1.08）〕＞〔共有スペースの掃除（2.26 − 3.28 =
-1.02）〕＞〔配下膳（配膳・下膳）（2.40 − 3.41 = -1.01）〕＞〔利用者の居室の
掃除（2.51 − 3.35 = -0.84）〕の順である（図 5 − 3）。主に「生活援助（Ⅱ）」
に関する介護業務の項目から〈専門性を要する〉の平均値が低くて、〈でき
る〉の平均値は高く、さらにその差が大きくみられたことは、介護職だけで
なくても他の人材が対応可能な業務であると考えられる。

　本節で明らかになった介護業務に対する介護職の認識程度の特徴を踏まえ
て、第 3 節の考察で詳しく述べていきたい。

── 9割以上 ──

Ⅳ 「人間の尊厳」（5/6）
　1. 身体的虐待の予防 （94.3%）
　13. ネグレクトの予防 （91.8%）
　14. 精神的虐待の予防 （92.5%）
　18. 信頼関係の構築 （91.5%）
　24. 利用者に対する倫理観
　　　（90.4%）

Ⅱ 「生活援助」（5/8）
　2. 配下膳（配膳・下膳）（90.9%）
　4. 血圧・体温測定 （94.1%）
　7. 巡回 （93.6%）
　12. 利用者の居室の掃除 （90.6%）
　17. 見守り （94.2%）

Ⅰ 「身体援助」（7/8）
　3. 排泄介助 （95.2%）
　8. 更衣（脱着）介助 （93.6%）
　9. 食事介助 （93.8%）
　10. 体位交換・移乗・移動 （94.3%）
　11. 就寝介助・起床介助 （94.3%）
　15. 入浴介助 （94.3%）
　16. 清潔保持 （94.0%）

Ⅲ 「気づきを伴う連携」（5/10）
　5. 介護業務日誌の記入（93.8%）
　6. 介護職員との情報提供・情報共有
　　　（95.4%）
　20. 利用者とのコミュニケーション
　　　（91.1%）
　23. リスクマネジメント （90.4%）
　26. 利用者の健康状態の把握
　　　（91.5%）

── 8割以上 ──

Ⅱ 「生活援助」（3/8）
　19. 共有スペースの掃除 （89.5%）
　21. 洗濯・衣類の整理 （87.5%）
　37. レクリエーションの企画
　　　（80.3%）

Ⅰ 「身体援助」（1/8）
　22. 口腔ケア （89.7%）

Ⅲ 「気づきを伴う連携」（4/10）
　27. 多職種との連携・情報共有
　　　（88.6%）
　28. 利用者の気分の把握 （89.7%）
　29. 利用者の残存能力の把握
　　　（85.8%）
　35. 利用者のニーズの把握
　　　（84.0%）

Ⅴ 「介護職の基本姿勢」（4/6）
　25. 責任感の保持 （89.5%）
　30. 業務バランスの維持 （83.8%）
　34. 適切な判断能力 （84.5%）
　36. 職業の倫理保持 83.8%）

Ⅳ 「人間の尊厳」（1/6）
　31. 尊厳のある介護 （87.2%）

Ⅵ 「医療的ケア」（2/5）
　32. 病気・症状に合わせた介護
　　　（85.4%）
　33. 服薬管理 （83.1%）

図5－2　〈できる〉・「ややそう思う（3点）
出典：筆者作成。

とてもそう思う（4 点)」

7 割以上	7 割　未満
Ⅲ　「気づきを伴う連携」(1/10) 　　38．介護計画の作成・見直し 　　　　(75.5%) Ⅴ　「介護職の基本姿勢」(2/6) 　　39．自己啓発　(77.8%) 　　40．同僚へのアドバイス　(75.5%) Ⅵ　「医療的ケア」(1/5) 　　41．終末期の介護　(72.7%)	Ⅵ　「医療的ケア」(2/5) 　　42．喀痰吸引の実施　(68.6%) 　　43．経管栄養の実施　(55.6%)

てもそう思う（4 点)」の割合

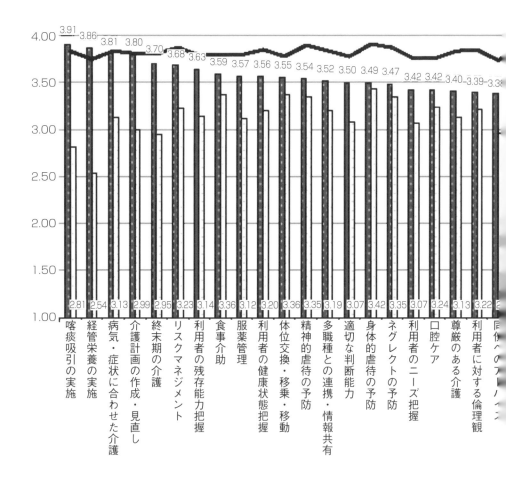

4.00 ┬ 3.91
│ ─ 3.86
│   3.81 3.80
│   3.70
│   3.68 3.63
3.50 ┤   3.59 3.57 3.56 3.55 3.54 3.52 3.50 3.49 3.47
│   3.42 3.42 3.40 3.39 3.38
3.00

2.50

2.00

1.50

1.00 ┴ 2.81 2.54 3.13 2.99 2.95 3.23 3.14 3.36 3.12 3.20 3.36 3.35 3.19 3.07 3.42 3.35 3.07 3.24 3.13 3.22

喀痰吸引の実施	経管栄養の実施

喀痰吸引の実施　経管栄養の実施　病気・症状に合わせた介護　介護計画の作成・見直し　終末期の介護　リスクマネジメント　利用者の残存能力把握　食事介助　服薬管理　利用者の健康状態把握　体位交換・移乗・移動　精神的虐待の予防　多職種との連携・情報共有　適切な判断能力　身体的虐待の予防　ネグレクトの予防　利用者のニーズ把握　口腔ケア　尊厳のある介護　利用者に対する倫理観　虐待へのコンプライ

▬▬▬ 専門性を要する

図5－3　〈専門性を要する〉〈重要である

出典：筆者作成。

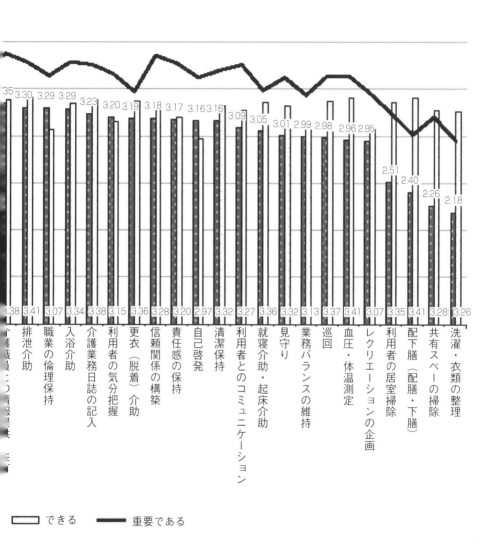

できる		重要である		

できる〉介護業務の平均値の比較

第3節　考察

　実践現場における介護職は、介護業務を行う際に、どの介護業務に専門性が求められるか、どの介護業務が重要であるか、さらに、どの介護業務ができるか等、何をどうすればいいのかが分からない場合が多い。これによって、利用者に提供する介護サービスが適切であるかどうかの判断ができず、自信がないまま介護サービスを提供している。このことは、介護職の問題のみならず、介護サービスの質の問題でもある。

　そこで、本章では量的確保及び質的確保、両方の人材確保の観点から、介護人材の確保を巡って発生する政策と実態との乖離の問題や実践現場における介護職の介護サービスの質の問題等を解決できる切り口を探るために理論研究を行った。さらに、その理論研究から明らかになった求められる専門性を含む介護業務の43項目を用いて、実践現場における介護職の認識程度について分析を行った。以下では、分析結果から明らかになった本章の目的である①機能分化が可能な介護業務と、②現時点で介護職が「専門性を要しながら、重要であると考えるが、できない」[10]と認識している介護業務について考察を行う。

1.「生活援助」に関わる介護業務の機能分化の可能性

　第1章でも述べたように、厚生労働省（2014a）の「介護人材の質的確保について」では、介護人材の「資質の向上」を進めるに当たって、「意欲や能力に応じたキャリアパスの構築」や「専門性の明確化・高度化による継続的な質の向上の促進」以外に、人材確保の観点から「限られた人材を有効活用するための機能分化」について論じている。

　しかしながら、「平成27年度老人保健健康増進等事業」として、三菱UFJリサーチ＆コンサルティングが実施した調査結果の『介護人材の類型

10　認識程度の解釈方法は次の通りである。〈専門性を要する〉〈重要である〉〈できる〉の3つの質問項目から、それぞれに「全くそう思わない（1点）」「あまりそう思わない（2点）」「ややそう思う（3点）」「とてもそう思う（4点）」の4件法とし、それぞれ1～4点の得点を付与した. 得点が高いほど，その項目に対する認識が強いことを意味する。

化・機能分化に関する調査研究事業報告書』によると、介護職の業務を行う
際に、介護に関する資格を有していない者、介護職員初任者研修修了者、介
護福祉士は、明確に業務を分担していないことが明らかになった（第2章、
第1節の図2－1参照）。具体的には、家事や掃除のように生活援助に関わる
サービスでは、キャリアによる差がそれほどみられなかった。一方で、特定
ケア[11]に対する介護業務では、「より専門性の高い知識、技術を有する介護
福祉士等」が行える介護業務という認識が高く、その実施状況も資格取得や
キャリアによる一定の機能分化がみられた。このようにキャリアによる差が
それほどみられず、専門性を必要としない介護業務の場合、人材確保の観点
からボランティアや介護補助に業務移管できると考えられる。

　本章で行った介護業務に対する介護職の認識程度について分析した結果か
らも、〈専門性を要する〉介護業務に対して、「全くそう思わない（1点）」
「あまりそう思わない（2点）」と答えた項目では「生活援助（Ⅱ）」に関
わる介護業務の項目が多く占めていた。具体的には［利用者の居室の掃除
（51.7%）］［配下膳（配膳・下膳）（55.9%）］［共有スペースの掃除（62.0%）］
［洗濯・衣類の整理（68.2%）］の項目であり、それほど利用者との関わりが
ない介護業務の項目であった。

　このように、専門性が求められる主な介護業務ではなく、「生活援助」の
中でも、比較的利用者との直接の関わりがない周辺の介護業務をボランティ
アや介護補助、介護助手等の人材に委ねることによって、介護職の負担を緩
和させることだけでなく、より専門性の高い介護業務に専念することができ
ると考えられる。2015年（平成27年）に三重県内の介護老人保健施設で「元
気高齢者による介護助手モデル事業」として開始された事業の場合、介護施
設が地域の元気な高齢者を「介護助手」として雇用し、これまで介護職が
行ってきた周辺業務を担うことで、肯定的な結果を導き出している。

　以上のことからみると、［利用者の居室の掃除］［配下膳（配膳・下膳）］
［共有スペースの掃除］［洗濯・衣類の整理］の介護業務は、介護職でなく
とも対応可能な業務として、機能分化が可能な介護業務である。

　しかし、ここで注意すべき点は、介護老人福祉施設は利用者の生活の場で

11　終末期の利用者への身体介護、認知症の周辺症状のある利用者への身体介護、
　たんの吸引等である。

あることである。そのため、比較的利用者との直接の関わりがない周辺の介護業務ではあるが、介護に関する基礎的な知識[12]を学ぶ必要があると考えられる。

2. 介護職に必要不可欠な「医療的ケア」に関わる介護業務

「医療的ケア」は、社会的ニーズ（第1章、第3章の第3節参照）から重視される業務であり、今後認知症や医療ニーズが必要な要介護高齢者が著しく増加するという見込みであることからみると、必要不可欠な介護業務である。

第4章の第1節でも述べたように、「医療的ケア」に関わる介護業務の［喀痰吸引の実施］［経管栄養の実施］は介護福祉士及び一定の研修を受けた介護職のみができる業務独占の性格をもつため、2015年以前に介護福祉士の資格を取得した者や喀痰吸引等研修のように一定の研修を受けていない介護職にとっては新しい領域である。また、これまでの介護職の主な業務は利用者の健康管理や生活援助であるとされてきたため、「医療的ケア」に関わる介護業務の［終末期の介護］における介護職の役割は明確に示されてこなかった（坂下・西国・岡村2013）。さらに、2006年の介護保険制度改正により、介護老人福祉施設における看取り介護加算と重度化対応加算が創設されたことから、［終末期の介護］の質の向上も注目されている。

本章で行った介護業務に対する介護職の認識程度について分析した結果（表5-2、図5-1、表5-4、図5-2）をみると、介護職は「医療的ケア（Ⅳ）」に関わる［喀痰吸引の実施］［経管栄養の実施］［終末期の介護］を〈専門性を要する〉介護業務として高く認識している一方で、〈できる〉介護業務としての認識はそれほど高くなかった。具体的にできないと答えた介護職の割合をみると、［終末期の介護（27.3%）］［経管栄養の実施（31.4%）］［喀痰吸引の実施（44.4%）］であり、2割以上から4割以上の介護職ができ

12　三重県の医療保健部長寿介護課（2019）は、これまでの三重県内での介護老人保健施設・介護老人福祉施設・グループホームでの取り組み実績を参考に「三重県介護助手導入実施マニュアル」を作成した。そのマニュアルの中で、紹介された介護助手の導入に関する事例をみると、OJTに入る前、現場に入る前、就労開始の一週間前等、介護助手は介護職と一緒に法人が行っている事前研修を受けていた。また、その研修内容は、介助の方法、認知症の利用者の理解や対応、個人情報保護、身体拘束廃止、感染予防などの介護に関する基礎的な知識の教育であった。

ないと認識していた。

　「医療的ケア（Ⅳ）」に関わる［喀痰吸引の実施］［経管栄養の実施］［終末期の介護］を〈専門性を要する〉介護業務として認識しているにもかかわらず、2割以上から4割以上の介護職ができないと認識していることは、「医療的ケア」が他の介護業務に比べて、新しい領域であることや医療職との連携のもとで実施される医療行為であるため、専門的知識及び技術が求められると認識している可能性がある。

　介護職に対する医療的ケアの知識や技術、理解の重要性やチームケアに関する研究は少なくない。横山（2013：27）は「医師や看護師と適切な連携をとることが介護職による医療的ケア実施の大前提となっているが、医療的ケアを行う際の思考過程への理解、つまり、医療的ケアに関する危険をコントロールする能力が介護職に身についていなければ、医療職と介護職との適切な連携は実現しない」と介護職に対する医療的ケアの知識や技術、理解の重要性について述べている。さらに、本間（2013：115，123）は，介護福祉士の養成教育における「医療的ケア」の導入について、医療的ケアとは「これまでの生活支援技術と違って、利用者の日常生活において直接的生命の安全確保に繋がる重要なケア」であり、「生活支援者としての介護福祉士から加えて医療チームの一員となる」と述べた。このことから「理論的根拠に基づく知識や人体の解剖、生理、急変時対応などより多くの課題を学習する必要性がある」と論じた。

　以上のことを踏まえると、本調査における介護職の中には「医療的ケア（Ⅳ）」に関わる介護業務の［喀痰吸引の実施］［経管栄養の実施］［終末期の介護］を〈専門性を要する〉介護業務として認識しているが、それに対する知識・技術が身についていないため、他の介護業務と比べてできないと認識しているといえる。「医療的ケア」は、利用者の生命と密接に関連している業務であり、医師・看護師等の医療職との連携が求められるため、より専門的な知識や技術が求められる介護業務であると考えられる。

3. 介護過程の展開における［介護計画の作成・見直し］の重要性

　近年、介護過程の展開はますます重要になっている。特に、介護保険の理念である利用者の尊厳ある自立した日常生活を支援していくためには、多職

種によるチームケアとともに、介護過程の展開の中で中心的に関わっていく介護職が必要である。

　厚生労働省（2017d：2）の『介護人材に求められる機能の明確化とキャリアパスの実現に向けて』によると、介護過程の展開（アセスメント→介護計画の作成→介護の実施→モニタリングによる評価→必要に応じた介護計画の見直し）において、「介護計画に沿った介護が提供されているかどうかの進捗管理が必要となるが、現状では、自らの役割として介護過程の展開に中心的に関わっている介護職は少ない」と指摘している。その後、厚生労働省（社会保障審議会福祉部会、福祉人材確保専門委員会）は2018年2月に「介護福祉士養成課程における教育内容の見直し」を出した。各領域で学んだ知識と技術を「介護」領域で統合し、介護過程の実践力の向上を目指して、介護福祉士養成課程のカリキュラム案を提案した。「介護」領域に、新たに含むべき教育の事項とは、「介護総合演習：知識と技術の統合、介護実践の科学的探求」と「介護実習：介護過程の実践的展開、多職種協働の実践、地域における生活支援の実践」であった。

　本章で行った介護業務に対する介護職の認識程度について分析した結果（表5－2、図5－1、表5－4、図5－2）をみると、「気づきを伴う連携（Ⅲ）」に関する介護業務に含まれる［介護計画の作成・見直し］の項目が99.5％で〈専門性を要する〉介護業務として最も高い割合を占めていた。一方で、〈できる〉介護業務に対して「全くそう思わない（1点）」「あまりそう思わない（2点）」と答えた介護職の割合は24.5％であった。しかしながら、実践現場の介護職は、［介護計画の作成・見直し］の項目について、介護職の9割以上（99.5％）が〈専門性を要する〉介護業務として認識しているにもかかわらず、なぜ〈できる〉介護業務としての認識はそれほど高くなく、介護職の2割以上（24.5％）ができないと認識しているだろうか。

　この認識の差には、介護計画の作成の義務が定められていないことが一因として考えられる。介護過程の展開において、介護保険制度上、介護支援専門員の場合、ケアプラン（居宅・施設）の作成が義務付けられているが、介護職の場合、サービス提供責任者（訪問介護事業所）が作成する訪問介護計画以外は介護計画の作成の義務付けがなされていない。

　奥野（2017）は、ケアプランと介護計画が異なるにもかかわらず、介護支

援専門員が作成するケアプランを介護計画の代替えにしている施設が少なくないことを指摘した。さらに、「ケアプランと介護計画の認識が曖昧なのか、もしくは効率化のため介護計画を省略しているのかは定かではないが、自ら行なった介護を振り返るためにも、今一度その必要性を見直す必要がある」（奥野 2017：114）と述べながら、介護計画の重要性について述べた。

　すなわち、以上のように介護計画の作成の義務付けがないことやケアプランを介護計画の代替えにしている施設が少なくないことからみると、実践現場の介護職は、［介護計画の作成・見直し］の項目について〈専門性を要する〉介護業務として認識しているが、〈できる〉介護業務としての認識はそれほど高くなく、2割以上の介護職ができないと認識しているといえる。

　介護過程における介護計画は、ケアプランと異なるが、介護支援専門員が立てたケアプランをもとに、介護職の立場から利用者の生活課題を解決する具体的方法を示したものである（介護福祉士養成講座編集委員会編 2015）。そのため、介護職がアセスメントに基づいて計画を立てる介護過程の中で、情報を収集していく際の利用者の態度やコミュニケーションから利用者の現状を把握する「気づき」は重要である。さらに、その「気づき」から専門的知識を基盤として適切に判断すること、多職種との情報共有を行い連携することは介護職に必要不可欠な介護業務であり、その専門性の向上が求められると考えられる。

4.　介護業務の一環として揃えるべき「介護職の基本姿勢」

　厚生労働省（2017d）の『介護人材に求められる機能の明確化とキャリアパスの実現に向けて』によると、管理者の認識から人材育成力をもつ介護職のリーダーがいないことを指摘した。具体的に説明すると、介護職のリーダーには、「介護職の方向性を統合できる能力や介護職を教育・指導することができる能力、個々の介護職の適性に応じた業務を与えることができる能力」（厚生労働省 2017d：2 - 3）などが求められているが、現在の介護職のリーダーはこれらの能力を十分に発揮できていないと認識している管理者が多いことである。

　本章で行った介護業務に対する介護職の認識程度の分析結果（表5 - 2、図5 - 1、表5 - 3、表5 - 4、図5 - 2）からは、上記のように人材育成力を

もつ介護職のリーダーがいないという管理者の認識に相当する傾向が介護職にもみられた。「介護職の基本姿勢（Ⅴ）」に関する介護業務に含まれる［自己啓発］［同僚へのアドバイス］の項目の場合、〈専門性を要する〉介護業務でありながら、〈重要である〉介護業務として認識しているにもかかわらず、〈できる〉介護業務としての認識は比較的に低く、できないと答えた割合は2割以上を占めていた。

　厚生労働省（2018d）は、介護職のグループの中での中核的な役割を行うリーダーが求められていることから、介護福祉士養成課程のカリキュラム案として、リーダーシップやフォロワーシップを含めた、チームマネジメントに関する教育内容の拡充を図ることを提案した。このように介護を中心的に担う専門的人材としての役割が求められていることからみると、介護職が、介護職のグループの中で中核的な役割として［同僚へのアドバイス］や教育・指導を行う能力を養うためには、介護保険制度や介護過程の展開に対する知識・技術の理論的根拠を探る生涯教育や研究開発などの［自己啓発］を行うなど、介護職の基本姿勢も介護業務の一環として揃えるべきであると考えられる。

第6章　仕事の継続意向と離職意向への影響要因

第1節　本章の目的

　これまでの実践現場は高い離職率で、常に「人手不足」になりがちであったが、これからの人材不足は、離職に加えて、新規人材の参入も困難になっていくことが見込まれる（第2章の2節参照）。多くの研究では、介護人材の不足の課題を解決するため、職場定着の観点から離職問題が取り上げられている。主に離職要因として取り上げられるのは、金銭的要因と非金銭的要因である。勿論、賃金の引き上げのように金銭的な要因も重要であるが、賃金以外の教育訓練と労働条件・職場環境といった非金銭的要因も重要であると先行研究でも指摘されている（花岡 2009；北浦 2013；黒田・張 2011）。

　厚生労働省（2008：20）の「介護労働者の確保・定着等に関する研究会」によると、離職理由と賃金の関係について「介護労働者の確保のためには、他の産業との賃金の比較が重要な要素となっているが、介護労働者の定着においては賃金以外の要素もある」ことから、介護労働者の定着に求められる要素を分析し、その対策を講じることが求められると述べた。また、花岡（2009：284）は、職場定着の視点から財団法人介護労働安定センターが実施した『2007年度介護労働実態調査』の介護事業所調査票における事業所単位の個票データを用いて、実証研究を行った。その結果から「既に就業している介護従事者において、教育訓練や職場環境といった非金銭的条件の方が、離職行動に大きな影響を与えている」と離職率の決定要因として「教育訓練や職場環境」の重要性を明らかにした。

　このように、介護労働者の定着促進に関する研究では賃金だけでなく、教育訓練と伴った労働条件と職場環境の要因による影響が示唆されており、介

護従事者の定着率を向上させていくためには、賃金の引き上げとともに、「業務上の負担を軽減し、労働環境を改善する方向と、人材育成等を通じて従事者の働きがいを高める方向との双方をバランスよく進めることが必要となる（北浦 2013：68）」。

　一方で、黒田と張（2008）は、職場定着との関連で、離職率と離職意向に影響を与える研究を行った。黒田と張（2011）は、実際に離職行動に至らなくても離職意向を抱くことは、ケアの無力感、労働意欲の低下を促進させるとともに、サービス利用者の生活の質に悪影響を及ぼすということで、離職意向に注目し、離職意向が介護否定感、介護肯定感、職員の待遇についての評価といった主観的な要因との関連が強いことと、離職率が賃金の水準や研修機会の確保といった要因と関連していることを示した。

　しかし、黒田と張（2011）が作成した離職意向に関する質問項目をみると、「今の職場をやめ、他の職場で働きたいと思いますか」「1 年以内にはこの仕事をやめたいと思いますか」「給料が同じで、人相手でない仕事があればそちらにしようと思いますか」「給料が高くて、人相手でない仕事があればそちらにしようと思いますか」という 4 項目で構成されているが、「他の職場」「人相手でない仕事」のように曖昧な表現を使っている。

　そのため、「他の職場」というのは、介護関連以外の職場なのか、それとも福祉以外の職場なのか、他の産業なのかなどの分類が明確ではない。今後、介護職の定着に向けた具体的な対策を提示するためには、離職意向について「介護職場」「福祉職場」「介護と福祉以外の職場」などのように、より具体的に分類する必要がある。

　したがって、本章では、金銭的要因の賃金と、非金銭的要因の教育訓練と労働条件・職場環境も含めて、継続意向と離職意向に影響を与える要因について検討することを目的とする。次のような調査におけるリサーチ・クエスチョンと調査仮説を設定する。

RQ6. 仕事の継続意向と離職意向に影響を与える要因は何か。

　H1.「現在の仕事の満足度」・「働く上での悩み、不安、不満」は「仕事に対する今後の希望」に影響を与える。

分析方法　重回帰分析
　　　1-1.「現在の仕事の満足度」は、「今の仕事（介護職）を続けたい」に影響を与える。
　　　1-2.「働く上での悩み、不安、不満」は「介護関係の別の勤務先で働きたい」に
　　　　　影響を与える。
　　　1-3.「働く上での悩み、不安、不満」は「介護以外の福祉関係の別の勤務先で働
　　　　　きたい」に影響を与える。
　　　1-4.「働く上での悩み、不安、不満」は「介護・福祉関係以外の別の勤務先で働
　　　　　きたい」に影響を与える。

第2節　仕事に対する今後の希望の影響要因

1.　現在の仕事の満足度に対する考え方

1）現在の仕事の満足度の平均値

「現在の仕事の満足度」11項目のうち、平均値が3点以上の項目はみられ
なく、すべての項目が3点未満であり、「あまりそう思わない」「全くそう思
わない」の回答が多かった。最も平均値が高い項目は［雇用の安定性（2.97 ±
0.76)］であり、平均値が低い項目は［賃金（2.37 ± 0.77)］であった（表6－1)。

2）今の仕事（介護職）の継続に影響を与える現在の仕事の満足度

「現在の仕事の満足度」は、「今の仕事（介護職）を続けたい」に影響を与
える要因について検討するため、重回帰分析を行った。具体的には、「今の
仕事（介護職）を続けたい」を従属変数とし、［仕事の内容・やりがい］［職
場の人間関係、コミュニケーション］［職場の環境］［雇用の安定性］［労働
時間・休日等の労働条件］［勤務体制］［福利厚生］［職業生活全体］［キャリ
アアップの機会］［人事評価・処遇のあり方］［賃金］［教育訓練・能力開発
のあり方］を独立変数として投入した。

　その結果をみると、［仕事の内容・やりがい（β = 0.429，p<.000)］と［勤
務体制（β = 0.130，p<.05)］、［賃金（β = 0.120，p<.05)］は「今の仕事（介
護職）を続けたい」に有意な影響を与えた。特に、［仕事の内容・やりがい］
の値（β）は、他の「現在の仕事の満足度」の値に比べて大きく、「今の仕
事（介護職）を続けたい」に強い影響を与える傾向がみられた（表6－2)。
なお、VIF値はいずれも10未満であり、多重共線性はみられなかった。

表6-1 現在の仕事の満足度の平均値

		平均値	標準偏差
q5x4	雇用の安定性	2.97	0.76
q5x1	仕事の内容・やりがい	2.91	0.65
q5x7	福利厚生	2.87	0.72
q5x2	職場の人間関係、コミュニケーション	2.85	0.69
q5x8	職業生活全体	2.75	0.65
q5x5	労働時間・休日等の労働条件	2.73	0.74
q5x3	職場の環境	2.71	0.71
q5x9	キャリアアップの機会	2.68	0.68
q5x6	勤務体制	2.65	0.72
q5x10	人事評価・処遇のあり方	2.59	0.77
q5x12	教育訓練・能力開発のあり方	2.54	0.72
q5x11	賃金	2.37	0.77

2. 働く上での悩み、不安、不満に対する考え方

1) 働く上での悩み、不安、不満の平均値

　表6-3の「働く上での悩み、不安、不満」16項目のうち、平均値が3点以上の項目をみると、［人手が足りない（3.56 ± 0.62)］＞［身体的負担が大きいに不安がある（3.41 ± 0.71)］＞［仕事内容のわりに賃金が低い（3.33 ± 0.73)］＞［夜間や深夜時間帯不安（3.27 ± 0.80)］＞［業務に対する社会的評価が低い（3.25 ± 0.76)］＞［労働時間が不規則である（3.18 ± 0.858)］＞［有給休暇が取りにくい（3.17 ± 0.86)］＞［精神的にきつい（3.11 ± 0.78)］の順であり、「ややそう思う」「とてもそう思う」の回答が多かった。一方、［不払い残業がある］［仕事中の怪我などへの補償がない］［正規職員になれない］の項目は、2点未満であり、「あまりそう思わない」「全くそう思わない」の回答が多かった。

表6-2　現在の仕事の満足度・今の仕事（介護職）を続けたい

| | | 今の仕事（介護職）を続けたい | | | |
		β	t	p	VIF
1	仕事の内容・やりがい	0.429***	8.675	0.000	1.465
2	職場の人間関係、コミュニケーション	-0.043	-0.817	0.414	1.694
3	職場の環境	0.060	0.989	0.323	2.176
4	雇用の安定性	-0.057	-1.104	0.270	1.622
5	労働時間・休日等の労働条件	-0.044	-0.786	0.432	1.899
6	勤務体制	0.130*	2.164	0.031	2.166
7	福利厚生	0.052	1.019	0.309	1.585
8	職業生活全体	0.064	1.085	0.278	2.069
9	キャリアアップの機会	-0.012	-0.218	0.828	1.825
10	人事評価・処遇のあり方	-0.115	-1.872	0.062	2.269
11	賃金	0.120*	2.286	0.023	1.650
12	教育訓練・能力開発のあり方	0.048	0.859	0.391	1.894
	R^2	0.292			
	$\triangle R^2$	0.272			
	F	14.600***			
	p	0.000			
	Durbin-Watson	2.006			

*p < .05　**p < .01　***p < .001

2）離職意向に影響を与える働く上での悩み、不安、不満

　離職意向に影響を与える要因について検討するため、「働く上での悩み、不安、不満」は「介護関係の別の勤務先で働きたい」・「介護以外の福祉関係の別の勤務先で働きたい」・「介護・福祉関係以外の別の勤務先で働きたい」の離職意向に影響を与えると仮説を設定し、重回帰分析を行った。

　具体的には、「介護関係の別の勤務先で働きたい」「介護以外の福祉関係の別の勤務先で働きたい」「介護・福祉関係以外の別の勤務先で働きたい」を従属変数とし、［人手が足りない］［仕事内容のわりに賃金が低い］［有給休暇が取りにくい］［身体的負担が大きいに不安がある］［精神的にきつい］

表6-3 働く上での悩み、不安、不満の平均値

		平均値	標準偏差
q4x1	人手が足りない	3.56	0.62
q4x4	身体的負担が大きいに不安が	3.41	0.71
q4x2	仕事内容のわりに賃金が低い	3.33	0.73
q4x8	夜間や深夜時間帯不安	3.27	0.80
q4x6	業務に対する社会的評価が低い	3.25	0.76
q4x9	労働時間が不規則である	3.18	0.86
q4x3	有給休暇が取りにくい	3.17	0.95
q4x5	精神的にきつい	3.11	0.78
q4x11	福祉機器に不安がある	2.69	0.82
q4x7	休憩が取りにくい	2.65	0.91
q4x10	労働時間が長い	2.57	0.86
q4x14	職務として行う医的な行為に不安がある	2.56	0.81
q4x12	雇用が不安定である	2.28	0.93
q4x13	不払い残業がある	1.81	0.93
q4x16	仕事中の怪我などへの補償がない	1.78	0.83
q4x15	正規職員になれない	1.37	0.63

［業務に対する社会的評価が低い］［休憩が取りにくい］［夜間や深夜時間帯不安］［労働時間が不規則である］［労働時間が長い］［福祉機器に不安がある］［雇用が不安定である］［不払い残業がある］［職務として行う医的な行為に不安がある］［正規職員になれない］［仕事中の怪我などへの補償がない］を独立変数として投入した。その結果は以下の3点から説明する（表6-4）。

　第一に、「介護関係の別の勤務先で働きたい」に働く上での悩み、不安、不満は影響を与える。「介護関係の別の勤務先で働きたい」では、［仕事内容のわりに賃金が低い（$\beta = 0.131$, p<.05）］［精神的にきつい（$\beta = 0.150$, p<.05）］［不払い残業がある（$\beta = -0.139$, p<.05）］の項目が「介護以外の福

表6－4　働く上での悩み、不安、不満・離職意向

	介護関係の別の 勤務先で働きたい				介護以外の福祉関係の別の 勤務先で働きたい				介護・福祉関係以外の別の 勤務先で働きたい			
	β	t	p	VIF	β	t	p	VIF	β	t	p	VIF
人手が足りない	0.090	1.694	0.091	1.322	-0.079	-1.464	0.144	1.322	0.012	0.221	0.825	1.322
仕事内容のわりに賃金が低い	0.131*	2.251	0.025	1.611	0.125*	2.097	0.037	1.611	0.109	1.836	0.067	1.611
有給休暇が取りにくい	-0.015	-0.275	0.783	1.428	0.060	1.064	0.288	1.428	-0.116*	-2.086	0.038	1.428
身体的負担が大きいに不安がある	-0.037	-0.647	0.518	1.555	-0.036	-0.618	0.537	1.555	-0.021	-0.355	0.723	1.555
精神的にきつい	0.150*	2.515	0.012	1.674	0.080	1.307	0.192	1.674	0.204**	3.377	0.001	1.674
業務に対する社会的評価が低い	-0.129*	-2.363	0.019	1.413	-0.094	-1.682	0.093	1.413	-0.061	-1.093	0.275	1.413
休憩が取りにくい	-0.084	-1.476	0.141	1.518	-0.067	-1.152	0.250	1.518	0.005	0.092	0.927	1.518
夜間や深夜時間帯不安	-0.007	-0.133	0.894	1.370	-0.004	-0.078	0.938	1.370	0.006	0.103	0.918	1.370
労働時間が不規則である	0.095	1.645	0.101	1.559	0.063	1.076	0.283	1.559	0.042	0.718	0.473	1.559
労働時間が長い	-0.016	-0.268	0.789	1.650	0.047	0.773	0.440	1.650	0.013	0.211	0.833	1.650
福祉機器に不安がある	-0.021	-0.391	0.696	1.329	-0.076	-1.404	0.161	1.329	0.017	0.315	0.753	1.329
雇用が不安定である	0.100	1.887	0.060	1.319	-0.002	-0.030	0.976	1.319	0.094	1.760	0.079	1.319
不払い残業がある	0.139**	2.703	0.007	1.249	0.135*	2.563	0.011	1.249	0.027	0.526	0.599	1.249
職務として行う医的行為に不安がある	-0.021	-0.403	0.687	1.299	0.012	0.220	0.826	1.299	0.014	0.259	0.796	1.299
正規職員になれない	-0.042	-0.850	0.396	1.153	0.073	1.436	0.152	1.153	0.020	0.399	0.690	1.153
仕事中の怪我などへの補償がない	0.023	0.421	0.674	1.358	-0.044	-0.802	0.423	1.358	-0.006	-0.112	0.911	1.358
R^2	0.110				0.066				0.085			
△R^2	0.076				0.031				0.050			
F	3.256***				1.867*				2.443**			
p	0.000				0.000							
Durbin-Watson	1.964				2.047				1.946			

*p ＜ .05　**p ＜ .01　***p ＜ .001

祉関係の別の勤務先で働きたい」に有意な影響を与えた。

第二に、「介護以外の福祉関係の別の勤務先で働きたい」に働く上での悩み、不安、不満は影響を与える。「介護以外の福祉関係の別の勤務先で働きたい」では、［仕事内容のわりに賃金が低い（β = 0.125, p<.05）］［不払い残業がある（β = 0.135, p<.05）］の項目が「介護以外の福祉関係の別の勤務先で働きたい」に有意な影響を与えた。

第三に、「介護・福祉関係以外の別の勤務先で働きたい」に働く上での悩み、不安、不満は影響を与える。「介護・福祉関係以外の別の勤務先で働きたい」では、［有給休暇が取りにくい（β = -0.116, p<.05）］［精神的にきつい（β = 3.377, p<.001）］の項目が「介護以外の福祉関係の別の勤務先で働きたい」に有意な影響を与えた。

なお、VIF 値はいずれも 10 未満であり、多重共線性はみられなかった。

第3節　考察

介護職の専門性の向上と職場定着は密接な関係にある。また、職場定着の観点から人材採用と人材育成の効率化について考えることは今後の人材確保の方向性に欠かせないことである。なぜならば、実践現場で専門性の高い人材を育成しても、ある理由で離職してしまうと、募集から採用までかかる期間や入社時の研修の期間、さらに、リーダーによる OJT の期間等、新しい職員を再雇用するまでには費用と時間が非常にかかり、その損失が大きいからである。そのため、介護職が辞めないように労働環境を整備することが重要である。

そこで本章では、金銭的要因の賃金と、非金銭的要因の教育訓練と労働条件・職場環境も含めて、継続意向と離職意向に影響を与える要因について検討するために、アンケート調査の結果から重回帰分析を行った。以下では、仕事の継続意向に影響を与える要因と仕事の離職意向に影響を与える要因について考察を行う。

1. 仕事の継続意向に影響を与える要因

　「今の仕事（介護職）を続けたい」に影響を与える「現在の仕事の満足度」について検討するため、重回帰分析を行った。その結果、［仕事の内容・やりがい（$\beta = 0.429$, p<.000）］［勤務体制（$\beta = 0.130$, p<.05）］［賃金（$\beta = 0.120$, p<.05）］の項目が「今の仕事（介護職）を続けたい」に有意な影響を与えた（図 6 - 1）。既存の研究（花岡 2009；北浦 2013；黒田・張 2011）では、「教育訓練や職場環境」等の非金銭的な要因も離職行動に大きな影響を与えていたが、本調査の結果からは、教育訓練に関する要因は有意差がみられなかった。

　笠原（2001）は、介護職の仕事意識について、利用者のニーズに応えられるという認識が仕事の「満足度」や「楽しさ」に強く関連していると述べている。すなわち、入居者の生活に良い影響を与えているというやりがいを感じることは、満足感につながっているということである（Parsons et al. 2003）。また、仕事に対する満足度の低い介護職が離職を考える可能性や、新しい職場を求める傾向があり（Kiyak et al. 1997；Parsons et al. 2003；Tourangeau et al. 2010）、仕事に不満をもちながら、介護業務を行うことは、ケアの質との関連があるため、入居者の生活満足度にも大きな影響を与える（Bishop et al. 2009；Sikorska-Simmons 2006）という研究もある。

　以上のように本調査の結果でも、継続意向の「今の仕事（介護職）を続けたい」に影響を与える「満足度」として［仕事の内容・やりがい］の項目が強い影響を与えていた。すなわち、「やりがい」とは、主観的かつ抽象的

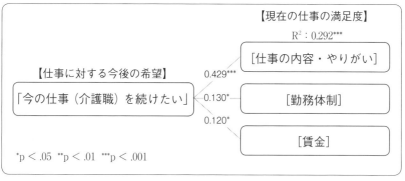

図 6 - 1　今の仕事（介護職）を続けたい・現在の仕事の満足度

であるが、職場定着に向けて欠かせない要因であると考えられる。さらに、［勤務体制］［賃金］からも有意な影響を与えていることが確認された。高い給料をもらい、快適な労働環境で働いていたとしても、それが仕事への満足感につながり、離職をしないわけではないが、基本的な［勤務体制］や［賃金］が整備されていなければ、かならず不満が生じてしまうと考えられる。すなわち、［勤務体制］［賃金］も職場定着に向けて欠かせない要因であると考えられる。

2. 仕事の離職意向に影響を与える要因

「介護関係の別の勤務先で働きたい」「介護以外の福祉関係の別の勤務先で働きたい」「介護・福祉関係以外の別の勤務先で働きたい」に影響を与える「働く上での悩み、不安、不満」について検討するため、重回帰分析を行った。

その結果「介護関係の別の勤務先で働きたい」では、［仕事内容のわりに賃金が低い（β = 0.131, p<.05）］［精神的にきつい（β = 0.150, p<.05）］［業務に対する社会的評価が低い（β = -0.129, p<.05）］の項目が有意な影響を与え、次いで、「介護以外の福祉関係の別の勤務先で働きたい」では、［仕事内容のわりに賃金が低い（β = 0.125, p<.05）］［不払い残業がある（β = 0.135, p<.05）］の項目が有意な影響を与えた（図6 − 2）。

以上のことから、「介護関係の別の勤務先で働きたい」と「介護以外の福祉関係の別の勤務先で働きたい」の両方とも金銭的条件が離職意向に影響を与えていることが分かる。また、「介護・福祉関係以外の別の勤務先で働きたい」では、［有給休暇が取りにくい（β = -0.116, p<.05）］［精神的にきつい（β = 3.377, p<.001）］の項目が有意な影響を与えた。「介護・福祉関係以外の別の勤務先で働きたい」の離職意向に［有給休暇が取りにくい］［精神的にきつい］の項目が有意な影響を与えていることから、介護・福祉に関わる職場の特徴であると考えられる。

有給休暇を取ることによって職場から離れ、休むことで精神的に安定できるようになると考えられるが、本調査の結果では、離職意向に［有給休暇が取りにくい］［精神的にきつい］の項目が有意な影響を与えていた。このことからみると、有給休暇が取れず、精神的に疲れている現状がうかがえ

る。人と関わる対人援助職の1つの職種である介護職の場合は、精神的なストレスをうまく解消できない状態が続くと、それが離職につながる恐れがある。そのため、離職を未然に防ぐためには、職員のメンタルヘルスケアを行うことや、有給休暇が取りやすい体制をつくる等、職場環境の整備も重要であると考えられる。

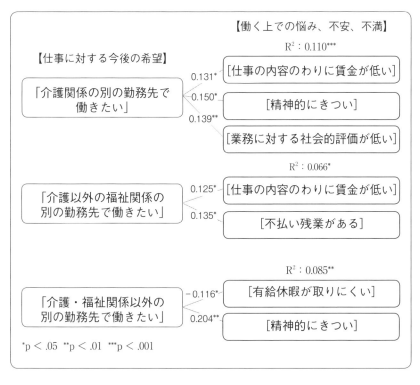

図6－2　離職意向・働く上での悩み、不安、不満

終章　実践現場における介護職の
専門性の向上の方向性

第1節　本書のまとめ

本書は、「介護人材の質的確保」における政策の課題の疑問からはじまる。

国の政策では、介護職の人材確保の観点から質的確保のため、介護職の資格種類である介護福祉士を専門性の高い人材として捉えて特定の資格の専門性を図る一方で、なぜその職業である介護職は専門性の高い人材として捉えられていなかったのか、そして介護職の専門性を明確にすることが困難であったのだろうか。実践現場における介護職は介護業務を行う際に、どの介護業務に専門性が求められるか、どの介護業務が重要であるか、さらに、どの介護業務ができるか等、何をどうすればいいのかが分からない場合が多い。これによって、利用者に提供する介護サービスが適切であるかどうかの判断ができず、自信がないまま介護サービスを提供している状況にある。このことは、介護職の問題のみならず、介護サービスの質の問題でもある。

そこで本書では、これからの高度化・複雑化する介護ニーズに対応し、より専門的な介護サービスを提供するために介護職の専門性の向上に関する基礎研究を行った。本書では、人材不足の課題によって多様なルートを経て参入する人材を投入せざるを得ない現状を踏まえて、特定の資格のみの専門性の向上を図るのではなく、介護職全体の専門性の向上を図ることに注目し、次のように目的を設定した。本書の目的は、実践現場における介護職の専門性の向上に向けて、体系化された介護職の人材育成の仕組みづくりに資する基礎的資料を提示するとともに、介護職の人材確保の観点から介護職の職場定着における今後の方向性について提言することである。この目的を達成す

るために、リサーチ・クエスチョンを設定し、各章で明らかにした。

1. 介護職に専門性が問われる社会から求められる社会へ

　第1章では、高齢社会において介護職の専門性が求められる理由として、以下の3点が明らかになった。

　第一に、要介護（要支援）認定者数の増加と認知症の行動・心理症状（BPSD）がみられる認知症高齢者数の増加が挙げられた。要介護認定高齢者のほぼ半数に認知症の影響があること（図1－2）、介護保険施設の3施設のなかで他の施設類型と比較すると、介護老人福祉施設では「認知症治療薬」を服用している者の割合が高いこと（図1－3）や認知症が進行した場合に施設入所を希望している（図1－4）ことからみると、ますます施設での認知症高齢者に対する介護職の専門性が求められるようになる現状にあり、施設での認知症高齢者の対応は喫緊の課題であることが示唆された。

　第二に、看取り介護を受ける高齢者数の増加が挙げられた。団塊の世代が75歳以上となる2025年とそれ以降の看取りが定まらない「看取り難民」に対応するためにも医療と介護のシームレスな提供に加えて、その専門性のギャップを克服することが介護職にも求められていることが示唆された。

　第三に、介護職は、法律に基づいて介護サービスを提供していることである。介護職は、各資格制度の目的にも知識・技術を持つ者として定められている。また、広義的には日本国憲法第13条と第25条、狭義的には介護保険法に基づく介護保険制度の中で介護サービスを提供するためにその専門性を発揮し、質の高いサービスを提供しなければならない必要不可欠な職業であることが示唆された。

　以上のように、高齢社会において介護職の専門性が求められることから、介護職の専門性の向上を図ることは喫緊の課題であることが示唆された。

　第2章では、介護職の専門性がそれほど強調されてこなかった理由について検討し、介護職の人材不足を巡る悪循環について明らかにした。

　介護職の専門性がそれほど強調されてこなかった理由は、次の2点である。

　第一に、介護人材の質的確保に対する政策と実態との乖離である。介護職は、介護保険制度における介護サービスを提供する者として、資格を要する職業であると同時に、現行の法律では介護職として従事するための資格取得

の義務がないため、無資格者による働き口も存在する職業である。さらに、国の政策では、介護人材ごとに介護業務を分担することについて述べているが、実践現場では介護人材ごとに明確に介護業務を分担していなかった。さらに、介護福祉士の専門性の向上に焦点を当てているが、実践現場には多様な人材が存在している。すなわち、資格制度というある種の「外形的要件」だけで介護職に専門性があるとはいえず、より専門的な介護サービスを提供しているともいえない。だからこそ特定の資格だけではなく、多様な人材を包括する介護職全体の専門性の向上が求められることが示唆された。

　第二に、介護人材の質的確保においての現実的な課題である。介護職は、人材不足の課題や社会的背景によるイメージの課題、多様なルートを経て参入する多様な人材に関する課題を抱えているため、専門性のある者としてそれほど強調されてこなかったことが示唆された。このような介護職の人材確保を巡る現状と課題を踏まえて、「介護職の人材不足を巡る悪循環」を描いた（図2-5）。

　「介護職の人材不足を巡る悪循環」を断ち切るためには、資格の有無や資格の種類などによって介護職を区分するのではなく、まずは介護職を1つの職業として捉えて体系化された介護職の人材育成の仕組みが必要であると論じた。このことから、理論研究のみにとどまらず、介護職におけるアンケート調査から実証研究を行い、その妥当性を検証することが重要であると主張した。

2.「狭義の介護」から「広義の介護」へ

　第3章では、介護職に求められる専門性について検討するために、これまで行われてきた介護職の専門性に関する研究動向から専門性の構成要素について分析及び考察を行った。

　既存の先行研究では、介護職の専門性の範囲が曖昧であるために、各自の分野から介護の専門性について理論研究および実証研究を行っており、これらを体系的に整理し考察した研究は不十分であった。さらに、明確に専門性の概念を明示するのではなく、専門性の質の向上のための必要性について述べることにとどまっていることを指摘した。

　このことから、専門性の質の向上のための必要性について述べるより、こ

れまで行われてきた介護職の専門性に関する研究動向から専門性の構成要素について体系的に整理し、考察することによって、抽象度が高い専門性をより具体化させた。

　その結果、【利用者に関わる専門性】【チームケアに関わる専門性】【介護職の基本姿勢に関わる専門性】が導き出された。また、介護の定義は、食事、排泄、寝起きなどの単なる起居動作の手助けの介助や日常生活の世話をする介護などといった介助と、介護の区別が曖昧であった狭義の介護から心身の状況に応じた介護に変化し、一定の条件の下に医療的な介護行為（たんの吸引等）を含む広義の介護にまでその領域が拡大されていることが明らかになった（図3-2）。

　以上のことから、介護の定義とその領域は、社会的介護ニーズの変化や医療を必要とする要介護者の介護ニーズの多様化（第1章参照）により、常に変化し続けていること、介護の定義とその領域の変化に伴い、介護職に求められる専門性も大きく変化している可能性があることが示唆された。すなわち、介護を受ける側の【利用者に関わる専門性】、多職種連携による専門職との【チームケアに関わる専門性】、主に介護を行う【介護職の基本姿勢に関わる専門性】、これらの3つの視点は重要であり、1つとして除外することができず、介護職にとって利用者に質の高い介護サービスを提供するため、必然的に求められる専門性であることが明らかになった。

3. 介護職（介護業務を行う際）に求められる専門性の構造化

　第4章では、これまで不明確であった介護職の専門性を明確にするために、その専門性を構成する要素について明らかにした。

　具体的には、第3章の「介護職の専門性に関する先行研究の検討」で明らかになった3つの求められる専門性の視点である【利用者に関わる専門性】【チームケアに関わる専門性】【介護職の基本姿勢に関わる専門性】に加え、標準化された資格制度の養成カリキュラムから介護業務の項目を具体化させた。これをもとに介護老人福祉施設に従事する介護職を対象に〈専門性を要する〉介護業務についてアンケート調査を行い、探索的因子分析を行った結果、介護職に求められる専門性は、「身体援助」「生活援助」「気づきを伴う連携」「人間の尊厳」「介護職の基本姿勢」「医療的ケア」の6つの因子に

よって構成されていたことが明らかになった。

　その結果、本章における介護職に「求められる専門性」は、「身体援助」「生活援助」「気づきを伴う連携」「人間の尊厳」「介護職の基本姿勢」「医療的ケア」の6つの因子によって構成されており、これらの因子の意味について深く考察を行った。また、削除された［終末期の介護］［介護計画の作成・見直し］の2つの項目も介護職にとって、必要不可欠な介護業務であるという考え方から考察を行った。

　その理由は、次の2点である。第一に、［終末期の介護］を受ける高齢者が増加していることから「看取り難民」が発生していること、第二に、一人一人の利用者が望む生活を実現させるためには、多職種との情報共有と連携することが必要不可欠であること、細やかな観察・態度・コミュニケーション等の「気づき」から、利用者の現状を把握し、専門的知識を基盤として行うことが求められるということが示唆された。

4.　介護業務に対する介護職の認識程度の実態

　第5章では、介護業務の43項目に対する介護職の認識程度（〈専門性を要する〉〈重要である〉〈できる〉についての4件法）について明らかにするために、アンケート調査（量的調査）を行い、単純集計による平均値と割合からみられる特徴について明らかにした。その特徴から、機能分化が可能な介護業務と、現時点で介護職が「専門性を要しながら、重要であると考えるが、できない」と認識している介護業務について考察を行った結果、以下の4点が示唆された。

　第一に、「生活援助」に関わる介護業務は機能分化の可能性があることである。キャリアによる差がそれほどみられず、専門性を必要としない「生活援助」に関わる介護業務の場合、人材確保の観点からボランティアや介護補助に業務移管できる。

　第二に、「医療的ケア」は介護職に必要不可欠な介護業務である。「医療的ケア」に関わる介護業務は利用者の生命と密接に関連している業務であり、医師・看護師等の医療職との連携が求められるため、より専門的な知識や技術が求められる介護業務である。

　第三に、［介護計画の作成・見直し］は介護過程の展開において介護職が

行うべき介護業務である。近年、介護過程の展開はますます重要になっている。特に、介護保険の理念である利用者の尊厳ある自立した日常生活を支援していくためには、多職種によるチームケアとともに、介護過程の展開の中で中心的に関わっていく介護職が必要である。

　第四に、「介護職の基本姿勢」は介護業務の一環として揃えるべきである。介護職が、介護職のグループの中で中核的な役割として［同僚へのアドバイス］や教育・指導を行う能力を養うためには、介護保険制度や介護過程の展開に対する知識・技術の理論的根拠を探る生涯教育や研究開発などの［自己啓発］を行うことが求められる。

5. 職場環境と仕事の離職意向・継続意向との関連性

　第6章では、職場定着の観点を含めて、職場における仕事の継続意向と離職意向に関する影響要因を明らかにした。「労働条件・職場環境（教育訓練を含む）は仕事の継続意向と離職意向に影響を与えるか」のリサーチ・クエスチョンに答えるため、「現在の仕事の満足度・働く上での悩み、不安、不満」は「仕事に対する今後の希望に影響を与える」という調査仮説を立て、重回帰分析を行った。このことから以下の2点が明らかになった。

　第一に、仕事の継続意向に影響を与える要因である。継続意向の「今の仕事（介護職）を続けたい」に影響を与える「満足度」として［仕事の内容・やりがい］の項目が強い影響を与えていた。すなわち、「やりがい」とは、主観的かつ抽象的であるが、職場定着に向けて欠かせない要因であることが示唆された。

　第二に、仕事の離職意向に影響を与える要因である。「介護関係の別の勤務先で働きたい」と「介護以外の福祉関係の別の勤務先で働きたい」の両方とも金銭的条件が離職意向に影響を与えていた。一方で、「介護・福祉関係以外の別の勤務先で働きたい」の離職意向に［有給休暇が取りにくい］［精神的にきつい］の項目が有意な影響を与えながら、その平均値が3点以上であった。このことからみると、有給休暇が取れず、精神的に疲れている現状がうかがえる。これは、介護・福祉に関わる職場に共通する特徴であると考えられる。人と関わる対人援助職の1つの職種である介護職の場合は、精神的なストレスをうまく解消できない状態が続くと、それが離職につながる恐

れがある。そのため、離職を未然に防ぐためには、職場環境の整備や職員に
対するメンタルヘルスケアも重要であることが示唆された。

第2節　介護職の職場定着における今後の方向性

　本節では、以上のことを踏まえて、介護職の人材確保の観点から介護職の
職場定着における今後の方向性について、以下の通りに示す。

1.　体系化された介護職の人材育成の仕組みづくりの提案

　介護に関わる資格がない無資格者でも介護業務を行うことができ、資格取
得者であれ、無資格者であれ、行っている介護業務の内容に大きな違いはな
い現状から、国の政策が目指している資格の高度化や介護人材の類型化及び
機能分化等は、介護職の質的確保に向けた資質向上の根本的な解決策になら
ない。介護職の人材不足を巡る悪循環を断ち切るためには、体系化された介
護職の人材育成の仕組みづくりが必要である。

　日本学術会議（2011：11）の『福祉職・介護職の専門性の向上と社会的待
遇の改善に向けて』の提言によれば、「介護保険制度では介護報酬で経営が
管理されており、介護職には介護報酬等に従いながら働くことが求められる
実態がある。しかし、それだけでは介護職の人間性の喪失を招くことになり
かねず、ひいては介護職の人材確保が困難となる」と指摘している。以上の
ことを克服するためには、介護職の専門性と社会的評価を高めるように介護
労働環境の構造を転換させることが必要であると論じた。

　以上のことから、介護職の人材不足を巡る悪循環を断ち切るためには、介
護職の専門性と社会的評価を高めるように、介護労働環境の構造を転換させ
ることが重要であることが分かる。そのため、本書で明らかになった【利用
者に関わる専門性】【チームケアに関わる専門性】【介護職の基本姿勢に関わ
る専門性】を基盤とする介護職に求められる専門性（ソーシャルワーク視点
の「気づきを伴う連携」「人間の尊厳」、職業視点の「介護職の基本姿勢」、技術・
行為視点の「医療的ケア」「身体援助」「生活援助」）と、その構成要素から詳細
に導き出した介護業務の43項目を根拠に、体系化された人材育成の仕組み

づくりに活用することを提案する。これは、介護職の専門性を向上させ、介護職の社会的評価の向上につながると考えられる。

2. 介護職の人材確保（量的確保・質的確保）の方向性に向けた提案

1）限られた人材を有効活用するための提案

　第5章でも述べたように、専門性が求められる主な介護業務ではなく、比較的簡単な単純作業の部分や「生活援助」のような周辺の介護業務は、ボランティアや介護補助、介護助手等の人材に委ねることができる。また近年、見守りセンサーやスマートフォンによる記録システム等、情報通信技術（ICT）やロボットの活用を進める事業者が増えていることから、情報通信技術（ICT）やロボットを活用した介護機器の活用も考えられる。

　以上のように、介護職の負担軽減を図ることによって、その負担を緩和させることだけでなく、より専門性の高い介護業務に専念することができると考えられる。

2）労働環境の整備の提案

　介護職の専門性と社会的評価を高めるために、介護労働環境の構造を転換する際に考慮すべきことは職場定着の観点である。なぜならば、実践現場で専門性の高い人材を育成しても、ある理由で離職してしまうと、新しい職員の募集から採用までかかる期間や入社時の研修期間、リーダーによるOJTの期間等、新しい職員を再雇用するまでには費用と時間が非常にかかり、そのコストの損失は大きい。このように、採用と育成の効率化と今後の人材確保の方向性を考えれば、辞職や離職を防ぐために職場定着の観点から労働環境を整備することは重要である。

　第6章の結果からみると、［やりがい］は、職場定着に向けて欠かせない要因であるが、必要なのは［やりがい］だけではない。それ以外の基本的な［勤務体制］や［賃金］等の職場環境の整備も職場定着に向けて重要な要因である。さらに、有給休暇が取れず、精神的に疲れている現状がうかがえることからみると、離職を未然に防ぐためには、職場環境の整備や職員に対するメンタルヘルスケアを実施することも職場定着につながると考えられる。

第3節　本書の意義

本書の意義は以下の通りである。

　第一に、多様なルートを経て参入した人材を踏まえて介護業務を行う際に「求められる専門性」について明らかにしたこと、第二に、介護人材の確保のために職場定着の観点も含めて仕事の継続意向と離職意向に関する影響要因を明らかにしたことである。

　さらに、これらを踏まえて実践現場における介護職の専門性の向上に向けての人材育成の仕組みづくりに資する基礎的資料を提示し、これからの介護職の人材確保における方向性について示したことである。

1.　介護業務を行う際に「求められる専門性」の明確化

　これまでの介護人材の確保に関する政策は、量的確保の観点から介護人材の多様化に注目し、質的確保の観点からはそれほど注目してこなかった。一方で、多くの研究者らは、質的確保の観点から介護職の専門性に関する研究を行っていたが、専門性の概念およびその構成要素について明確に述べていなかった。さらに、介護職の職種における特徴である多様なルートから参入する介護職を考慮せず、各自の研究分野に沿って特定の資格（介護福祉士や旧ホームヘルパー）に焦点を当てて、専門性の向上の必要性について述べるにとどまっていた。

　しかしながら、実践現場には、多様なルートを経て参入した多様な人材が存在しているため、特定の資格に焦点を当てて、専門性の向上を図ったとしても、すべての介護職の専門性が向上するわけではない。むしろ、これによって、介護人材ごとに専門性の格差が生じ、さらに専門性の不明確化をもたらす可能性がある。そこで本書では、理論研究と実証研究を用いて、多様なルートを経て参入した多様な人材も含め、現時点で介護業務を行う際、「求められる専門性」について明らかにした。

　介護業務を行う際に「求められる専門性」の明確化に対する本書の意義は以下の3点の通りである。

　第一に、本書はこれまで不明確であった介護職の専門性について理論研究

で導出された【利用者に関わる専門性】【チームケアに関わる専門性】【介護職の基本姿勢に関わる専門性】に加えて標準化された資格制度のカリキュラムの検討を行い、介護業務（43項目）の理論的枠組みを示したことに意義がある。

　第二に、理論的枠組みを示したことにとどまらず、これらをもとに実践現場で介護業務を行っている介護職にアンケート調査を実施し、その結果から探索的因子分析を行い介護職に求められる専門性（「身体援助」「生活援助」「気づきを伴う連携」「人間の尊厳」「介護職の基本姿勢」「医療的ケア」）の構成概念を構造化させたことに意義がある。

　第三に、探索的因子分析の方法の限界で削除された介護業務の項目について深く考察を行い〈専門性を要する〉〈重要である〉〈できる〉の平均値から欠かせない介護業務の項目であることを示したという意義がある。

　このように、本書で明らかになった「求められる専門性」は、これからの介護職の専門性の向上に向けた人材育成の仕組みづくりの構築にあたって、その土台となる貴重な基礎材料となるだろう。

2. 介護職の人材確保（量的確保・質的確保）の方向性

　近年における介護人材の不足は、離職に加えて、新規人材の参入（量的確保）も困難であり、良質な人材の確保（質的確保）も困難な状況である。

　公益財団法人介護労働安定センター（2016）の『平成28年度介護労働実態調査』によれば、介護サービスに従事する従業員（全体）の過不足感について、不足感（「大いに不足」＋「不足」＋「やや不足」）は62.6%、「適当」は37.0%、「過剰」が0.3%であり、介護人材の不足感を感じている事業所が6割以上を占めていた。さらに、従業員の不足感の経年変化をみると、2009年度（平成21年度）から高まっていることが明らかになった（図2－5）。介護人材の従業員のうち、介護職員（63.3%）・訪問介護員（80.2%）の不足感（「大いに不足」＋「不足」＋「やや不足」）が最も高い割合を占めている。介護職員・訪問介護員の「採用率・離職率の経年変化採用率」をみると、離職率はここ数年16%〜17%台で推移している一方、採用率は2013年度（平成25年度）以降減少している（図2－6）。

　上記のように介護人材が不足している理由として、労働上の問題（低賃金、

きつい、汚いなど）や誰でもできる職業などのマイナスイメージが作用している可能性について示した。このマイナスイメージによって、良質の介護人材の確保が困難になることはもちろん、離職や退職だけでなく、最初から介護職を志望しないという問題を引き起こす可能性があると示唆した。一方、介護労働者の確保・定着等に関する研究会（2008：20）は、離職理由と賃金の関係について「介護労働者の確保のためには、他の産業との賃金の比較が重要な要素となっているが、介護労働者の定着においては賃金以外の要素もあることがうかがわれ、雇用管理改善等の介護労働者の定着に求められる要素を分析し、対策を講じる必要がある」と述べた。

　そこで、本書では、職場定着の観点から金銭的要因の賃金と、非金銭的要因の教育訓練と労働条件・職場環境も含めて、仕事の継続意向と離職意向に影響を与える要因について検討することを目的に、アンケート調査を実施し、重回帰分析を行った。

　その結果、継続意向の「今の仕事（介護職）を続けたい」に影響を与える「満足度」として［仕事の内容・やりがい］の項目が強い影響を与えていたこと、「介護関係の別の勤務先で働きたい」と「介護以外の福祉関係の別の勤務先で働きたい」の両方とも金銭的条件が離職意向に影響を与えていたこと、「介護・福祉関係以外の別の勤務先で働きたい」の離職意向に［有給休暇が取りにくい］［精神的にきつい］の項目が有意な影響を与えていたことについて明らかにしたことに意義がある。このように、職場定着の観点から継続意向と離職意向に影響を与える要因について実証的に明らかにした研究成果は、介護職の人材不足を巡る悪循環を断ち切るための、カギとなるだろう。

　したがって、実践現場における介護職の専門性の向上に関する研究は、介護人材に対する政策の本来の方向性である「専門性の明確化」や「社会的評価の向上」とともに「介護サービスの質の向上」に貢献できると考えられる。

参考文献

秋山智久（2007）『社会福祉専門職の研究』ミネルヴァ書房.

安瓊伊（2014）「介護福祉士の専門性の構成要素の抽出――介護福祉士養成施設の介護教員の自由記述の内容分析に基づいて」『老年社会科学』35（4）, 419-428.

安藤美樹（2015）「看取り期の多職種連携における介護職の役割――特別養護老人ホーム A の聞き取り調査から」『文京学院大学人間学部研究紀要』16, 1-14.

Bishop, H. A., Namazi, K. H. and Kahana, E. F. (1997) Job commitment and turnover among women working in facilities serving older persons, Research on Aging 19 (2), 223-46.

Bishop, C. E., Squillace, M. R., Meagher, J., et al.(2009) Nursing home work practices and nursing assistants job satisfaction, *The Gerontologist*, 49 (5), 611-22.

張允禎・黒田研二（2008）「特別養護老人ホームにおける介護職員の離職率に関する研究」『厚生の指標』55（15）, 16-23.

福田洋子・徳山貴英・千草篤磨（2013）「特別養護老人ホームにおける看取り介護の現状と課題」『高田短期大学紀要』31, 49-60.

南風原朝和（2012）「尺度の作成・使用と妥当性の検討」『教育心理学年報』51, 213-217.

花岡智恵（2009）「介護労働者の離職：他職種との賃金格差が離職に与える影響」『介護分野における労働者の確保等に関する研究（労働政策研究報告書, No. 113）』所収（第 5 章）, 労働政策研究・研修機構.

橋本美香（2010）「介護専門職自律性尺度作成――介護福祉士資格の有無と経験年数による比較」『山形短期大学紀要』42, 89-101.

洪麗・笹谷春美（2007）「日本の介護職養成政策における専門性への二つの道とその問題に関する実証的研究――在宅介護と施設介護の専門性の統合をめざして」『北海道教育大学紀要』58（1）, 43-56.

本間美知子（2013）「介護福祉士養成教育における『医療的ケア』の導入」『新潟青陵大学短期大学部研究報告』43, 109-124.

本間美幸・八巻貴穂・佐藤郁子（2008）「介護福祉士の専門性に関する研究――福祉施設介護職責任者の意識調査結果から」『人間福祉研究』11, 39-49.

本間美幸，八巻貴穂，佐藤郁子（2009）「介護福祉士の専門性に関する調査（そ
　　の2）──福祉施設介護職責任者聞き取り調査結果から」『人間福祉研究』12，
　　99-111.

一番ヶ瀬康子・井上千津子・鎌田ケイ子・日浦美智江編（1991）『介護概論』ミ
　　ネルヴァ書房.

一番ヶ瀬康子・井上千津子・鎌田ケイ子・日浦美智江編（2005）『介護概論（改
　　訂）』ミネルヴァ書房.

市江和子（1998）「看護・介護職の職業継続と専門性に関する意識」『日本看護研
　　究学会雑誌』21（3），187.

井口克郎（2009）「介護労働者の専門職化に関する考察」『日本医療経済学会会報』
　　28（1），26-56.

今田拓（1998）「評価客体としての介護──史的視点から」『リハビリテーション
　　医学』35（8），538-540.

井上千鶴子（2000）「介護とは」一番ヶ瀬康子（監修）・日本介護福祉学会（編集）
　　『新・介護福祉学と何か』ミネルヴァ書房.

石井（岡）久美子（2012）「『介護労働者の雇用管理の改善等に関する法律』の研
　　究」『名古屋市立大学大学院人間文化研究科人間文化研究』（17），39-52.

石村善助（1969）『現代のプロフェッション』至誠堂・京都.

介護福祉士養成講座編集委員会編（2015）『新・介護福祉士養成講座⑨　介護過
　　程（第3版）』中央法規出版.

垣田裕介（2000）「介護労働と厚生・労働行政」野村拓（監修）・国民医療研究所
　　（編集）『21世紀の医療・介護労働──国民的大連動をめざして─』本の泉社.

金井一薫（1998）『ケアの原型論──看護と福祉の接点とその本質』現代社.

笠原幸子（2001）「介護福祉職の仕事の満足感に関する一考察」『介護福祉学』8
　　（1），36-4.

笠原幸子（2002）「介護福祉の本質と価値」嶋田啓一郎監修『社会福祉の思想と
　　人間観』ミネルヴァ書房.

加藤友野（2012）「介護福祉士の専門性に関する研究，『求められる介護福祉士
　　像』から見る現状と課題」『総合福祉科学研究』3，105-118.

経済産業省（2018）「2050年までの経済社会の構造変化と政策課題について（資料
　　4）」（https://www.meti.go.jp/shingikai/sankoshin/2050_keizai/pdf/001_04_00.
　　pdf, 2020.1.11）.

北垣智基（2014）「介護現場の人材育成・定着等に向けた取り組みの実態と関連

課題——京都府における調査結果から」『福祉教育開発センター紀要』11, 35-55.

北村光子（2001）「介護老人保健施設における職務内容に対する満足度とケアとの関連」『長崎国際大学論叢』1, 345-355.

北浦正行（2013）「介護労働をめぐる政策課題——介護人材の確保と育成を中心に」『日本労働研究雑誌』No. 641, 61-72.

小林尚司・木村典子（2010）「特別養護老人ホームの新人介護職員の看取りのとらえ方」『老年社会科学』32, 48-55.

公益社団法人国際厚生事業団（2016）『平成28年度外国人介護福祉士候補者受入れ施設巡回訪問実施』.

公益社団法人日本介護福祉士会（2018）「介護福祉士の専門性」『介護福祉士会の介護福祉士の専門性』（http://www.jaccw.or.jp/fukushishi/senmon.php, 2018.2.11）.

公益社団法人日本介護福祉士会（2015）『質の高い介護サービスの提供に向けた介護業務分析に関する調査研究事業』.

公益財団法人介護労働安定センター（2018）『平成28年度介護労働実態調査』.

高齢者介護研究会（2003）『2015年の高齢者介護——高齢者の尊厳を支えるケアの確立に向けて』法研, 東京.

厚生労働省（2003）「2015年の高齢者介護——高齢者の尊厳を支えるケアの確立に向けて」（https://www.mhlw.go.jp/topics/kaigo/kentou/15kourei/3.html, 2019.5.12）.

厚生労働省（2007）「社会福祉事業に従事する者の確保を図るための措置に関する基本的な指針」（https://www.mhlw.go.jp/web/t_doc?dataId=00005400&dataType=0&pageNo=1, 2019.6.2）.

厚生労働省（2008）「介護労働者の確保・定着等に関する研究会【中間取りまとめ】」（https://www.mhlw.go.jp/houdou/2008/07/dl/h0729-2b.pdf, 2019.4.3）.

厚生労働省（2012）「介護員養成研修の取扱細則について」（https://www.mhlw.go.jp/file/06-Seisakujouhou-12300000-Roukenkyoku/kaigoinnyouseikennsyuu.pdf, 2019.6.1）.

厚生労働省（2014a）「介護人材の質的確保について」（https://www.mhlw.go.jp/file/05-Shingikai-12601000-Seisakutoukatsukan-anjikanshitsu_Shakaihoshoutantou/0000065764.pdf, 2019.5.5）.

厚生労働省（2014b）『人生の最終段階における医療に関する意識調査報告書（平成26年3月）』.

厚生労働省（2014c）「介護福祉士資格の取得方法について」（https://www.mhlw.
go.jp/stf/seisakunitsuite/bunya/hukushi_kaigo/seikatsuhogo/shakai-kaigo-
fukushi1/shakai-kaigo-fukushi5.html, 2018.7.5）.

厚生労働省（2014d）「介護人材と介護福祉士の在り方について」（https://www.
mhlw.go.jp/file/05-Shingikai-12201000-Shakaiengokyokushougaihokenfukushibu-
Kikakuka/1.shiryo.pdf, 2019.5.10）.

厚生労働省（2014e）「介護人材確保について（構成員提出資料）」（https://www.
mhlw.go.jp/file/05-Shingikai-12201000-Shakaiengokyokushougaihokenfukushibu-
Kikakuka/0000047525.pdf, 2019.5.6）.

厚生労働省（2015a）『2025年に向けた介護人材の確保——量と質の好循環の確立
に向けて』.

厚生労働省（2015b）『平成27年人口動態調査』.

厚生労働省（2016a）『介護保険事業状況報告（年報）』.

厚生労働省（2016b）「介護人材の機能とキャリアパスについて」（https://www.
mhlw.go.jp/file/05-Shingikai-12601000-Seisakutoukatsukan-
Sanjikanshitsu_Shakaihoshoutantou/0000138946.pdf, 2019.5.12）.

厚生労働省（2016c）「地域における医療及び介護を総合的に確保するための基
本的な方針」（https://www.mhlw.go.jp/file/05-Shingikai-12401000-Hokenkyoku-
Soumuka/0000057828.pdf, 2019.3.2）.

厚生労働省（2017a）「人生の最終段階における医療の決定プロセスに関するガ
イドラインにおける最近の動向」（https://www.mhlw.go.jp/file/05-Shingikai-
10801000-Iseikyoku-Soumuka/0000189050.pdf, 2019.7.1）.

厚生労働省（2017b）「認知症施策について」（https://www.mhlw.go.jp/file/05-Shingikai-
12601000-Seisakutoukatsukan-Sanjikanshitsu_Shakaihoshoutantou/0000021004.pdf,
2019.5.6）.

厚生労働省（2017c）『認知症施策推進総合戦略（新オレンジプラン）——認知症
高齢者等にやさしい地域づくりに向けて（概要）』.

厚生労働省（2017d）『介護人材に求められる機能の明確化とキャリアパスの実現
に向けて』.

厚生労働省（2018a）『介護保険施設等における利用者等の医療ニーズへの対応の
在り方に関する調査研究事業（結果概要）』.

厚生労働省（2018b）「介護福祉士の養成カリキュラム等について」（https://www.
mhlw.go.jp/file/05-Shingikai-12601000-Seisakutoukatsukan-

Sanjikanshitsu_Shakaihoshoutantou/0000142797.pdf, 2018.12.12).

厚生労働省（2018c）「介護福祉士養成課程のカリキュラム（案）」（https://www.mhlw.go.jp/file/05-Shingikai-12601000-Seisakutoukatsukan-anjikanshitsu_Shakaihoshoutantou/0000194333.pdf, 2018.10.1）.

厚生労働省（2018d）「介護福祉士養成課程における教育内容の見直し」（https://www.mhlw.go.jp/content/000345245.pdf, 2020.1.1）.

厚生省（1963）『厚生白書』.

厚生省（1987）「社会福祉士及び介護福祉士法」（https://www.mhlw.go.jp/web/t_doc?dataId=82021000&dataType=0&pageNo=1, 2018.5.7）.

厚生省（1993）「社会福祉事業に従事する者の確保を図るための措置に関する基本的な指針」（http://www.ipss.go.jp/publication/j/shiryou/no.13/data/shiryou/syakaifukushi/465.pdf, 2019.6.2）.

國光登志子・真砂良則（2002）「石川県における介護福祉士の就労実態と専門性に関する調査からみた養成機関の役割」『北陸学院短期大学紀要』33, 219-233.

黒田研二・張允禎（2011）「特別養護老人ホームにおける介護職員の離職意向および離職率に関する研究」『社会問題研究』60（139）, 15-25.

京極高宣（1998）『日本の福祉士制度——日本ソーシャルワーク史序説』中央法規出版（新版）.

任セア（2018）「介護職の専門性の構成要素に関する研究——これまでの研究動向の考察から」『評論・社会科学』125, 37-53.

三重県医療保健部長寿介護課（2019）「三重県介護助手導入実施マニュアル」（http://www.pref.mie.lg.jp/common/content/000827837.pdf, 2019.12.20）.

三菱 UFJ リサーチ＆コンサルティング（2015）『介護人材の類型化・機能分化に関する調査研究事業報告書（平成 27 年老人保健健康増進等事業）』.

三輪哲・林雄亮（2014）『SPSS による応用多変量解析』オーム社.

村西美恵子（2006）「介護福祉援助の課題と介護福祉専門職の養成に関する研究——介護福祉と介護福祉士養成の現状分析を通して」『龍谷大学大学院研究紀要』13, 111-133.

村岡則子（2011）「介護福祉士養成校における学生の就労意識に関する調査——理想とする職場の要件について」『介護福祉士』8（2）, 40-48.

永嶋由理子・福江浩美・中谷信江ほか（2001）「看護職・介護職の専門性についての検討——看護職と介護職の業務実態から」『山口県立大学社会福祉学部紀要』7, 71-81.

内閣府（2013）『介護保険制度に関する世論調査』.

中嶌洋（2005）「介護福祉職の専門化に関する一考察、介護福祉士養成の視点から」『介護福祉学』12 (1), 29-40.

中島紀恵子（1988）『福祉士養成講座編集委員会編集介護概論』中央法規出版.

中村房代・北島英治・本名靖（2004）「介護老人保健施設における専門職種間連携」『東海大学健康科学部紀要』10, 39-47.

仲村優一他編（1974）『社会福祉辞典』誠信書房.

日本法令（2016）「社会福祉士及び介護福祉士法（昭和六十二年五月二十六日法律第三十号）」『電子政府の総合窓口 e-Gov』（http://law.e-gov.go.jp/htmldata/S62/S62HO030.html, 2017.8.1）.

日本学術会議社会福祉・社会保障研究連絡委員会（1987）『社会福祉におけるケアワーカー（介護職員）の専門性と資格制度について（意見）』.

日本学術会議社会学委員会福祉職・介護職育成分科会（2011）『福祉職・介護職の専門性の向上と社会的待遇の改善に向けて』.

認知症介護研究・研修センター（2008）『「高齢者虐待を考える」養介護施設従事者等による高齢者虐待防止のための事例集』.

認定介護福祉士認証認定機構（2016）『介護福祉士の職務の明確化と認定介護福祉士について』.

能田茂代（2007）「介護福祉士の専門性についての一考察——介護事故・ヒヤリ,ハットの事例分析を通して」『天王寺国際仏教大学紀要』(45), 565-578.

小笠原京子（2012）「個別性を重視した新人介護職員研修に関する研究」『飯田女子短期大学紀要』29, 1-59.

岡本民夫・奥田いさよ・久垣マサ子（1989）『介護概論』川島書店.

奥田いさよ（1992）『社会福祉専門職性の研究』川島書店.

奥野啓子（2014）「ケアワーカーの専門性に関する研究——社会福祉実践の共通基盤からの探索」『佛教大学大学院紀要, 社会福祉学研究科篇』42, 17-33.

奥野啓子（2017）「介護労働環境と専門性に関する研究：実践場面調査からの考察」佛教大学大学院社会福祉学研究科社会福祉学専攻 2017 年度博士学位論文.

大木秀一（2013）『文献レビューのきほん——看護研究・看護実践の質を高める』医歯薬出版.

大里大助（2006）「経営組織において内発的動機づけが職務満足に与える影響」人材育成学会『人材育成研究』1 (1), 43-51.

小澤勲（1995）「認知症老人の人権」『老年期痴呆診療マニュアル日本医師会雑誌

（臨時増刊）』10, 114.

パーソル総合研究所とベネッセシニア・介護研究所（2017）「介護人材の離職実態調査 2017」,「実践現場の OJT と定着の関係」（https://rc.persol-group.co.jp/column-report/201903290001.html, 2019.03.29）.

Parsons, S. K., Simmons, W. P., Penn, K., et al. (2003) Determinants of satisfaction and turnover among nursing assistants: The results of a statewide survey, *Journal of Gerontological Nursing*, 29, 51-8.

齋藤真木・福田明（2014）「職場内における介護職員の新人研修に関する内容検討——プリセプターシップに関する調査と特別養護老人ホームの取り組み事例から」『松本短期大学研究紀要』23, 31-42.

坂下恵美子・西国佳世・岡村絹代（2013）「特別養護老人ホームの看取りに積極的に取り組む看護師・介護士の意識」『南九州看護研究誌』11 (1), 1-9.

Sikorska-Simmons, E. (2006) Linking resident satisfaction to staff perceptions of the work environment in assisted living: A multilevel analysis, *The Gerontologist*, 46 (5), 590-8.

清水和秋（2018）「因子分析的研究における misuse と artif act」『関西大学社会学部紀要』49 (2), 191-211.

杣山貴要江（2001）「介護福祉士の専門性についての一考察」『近畿福祉大学紀要』2, 68-74.

杉原百合子（2016）「特集論文, 認知症への多角的アプローチ＞認知症の人と家族に対する意思決定支援と看護職の役割」『人間福祉学研究』9 (1), 21-34.

住居広士・高山忠雄・橋本祥恵ほか（1997）「介護度による保健福祉専門職種の介護専門性の検討」『日本保健福祉学会誌』4 (1), 11-20.

高橋幸裕（2015）『介護職の職業的発展課題と専門能力』帝塚山大学出版会.

鷹野和美（2008）『チームケア論——医療と福祉の統合サービスを目指して』ぱる出版, 12-13.

寺嶋洋恵・小林朋美・山村江美子ほか（2004）「高齢者施設における介護福祉士の専門性——医療行為に対する認識と専門性の分析」『聖隷クリストファー大学社会福祉学部紀要』2, 153-160.

勅使河原隆行・佐藤弥生（2008）「在宅ケアサービスにおける介護福祉士の専門性の研究」『保健福祉学研究』6, 83-98.

Tourangeau A, Cranley L, Spence Laschinger, H. K., et al. (2010) Relationships among leadership practices, work environments, staff communication and outcomes in long-term care, *Journal of Nursing Management*, 18 (8), 1060-72.

筒井孝子（1996）「介護の専門性をめぐって——測定された介護業務の分析から
　みた専門性への考察」『看護5月臨時増刊』37-49.

和田幸子（2005）「介護福祉士の専門性を高めるために」『大阪城南女子短期大学
　研究紀要』39, 89-102.

八木裕子（2012）「介護福祉と社会福祉援助技術の概念に関する諸説の検討」『広
　島国際大学医療福祉学科紀要』(8), 41-62.

山田忍（2003）在宅終末期ケアにおけるホームヘルパーの専門性の検討」『介護
　福祉学』10 (1), 33-40.

山口晴保（2018）「BPSD の定義、その症状と発症要因」『認知症ケア研究誌』2,
　1-16.

山手茂（1997）「介護福祉専門職の生涯教育・研修の体系化」一番ヶ瀬康子（監
　修）・日本介護福祉学会（編集）『介護福祉職にいま何が求められているか』ミ
　ネルヴァ書房.

柳原清子・柄澤清美（2003）「介護老人福祉施設職員のターミナルケアに関する
　意識とそれに関連する要因の分析」新潟青陵大学紀要 3, 223-232.

安田真美・山村江美子・小林朋美ほか（2004）「看護・介護の専門性と協働に関
　する研究——施設に従事する看護師と介護福祉士の面接調査より」『聖隷クリ
　ストファー大学看護学部紀要』12, 89-97.

横山さつき（2013）「介護福祉士養成課程で学ぶ学生の医療的ケアに対する受け
　止め方と教育上の 課題：喀痰吸引の講義・演習を通しての一考察」『中部学院
　大学・中部学院大学短期大学部研究 紀要』14, 21-28.

補足資料

　第4章で示していないが、第4章の表4−1に相当する詳細な分析結果は以下の通りである。厚生労働省（2014a）は、多様なルートから参入する人材の活用するため、専門的知識および技術を要する介護業務は資格取得者が行い、専門的知識および技術を要しない介護業務は無資格者が行うように、人材ごとに行う介護業務を分類する介護業務の類型化が必要であると述べている。しかしながら、多様なルートから参入する人材ごとにどの介護業務に対して知識の差がみられるかは不明確である。

　そこで、多様なルートを経て参入した人材の基礎知識の習得程度の差について明らかにするため、「多様なルートを経て参入される多様な人材ごとにどうような差がみられるか」のリサーチ・クエスチョンを設定し、このリサーチ・クエスチョンに答えるため「基礎知識に対する認識程度に差がみられる」の仮説を立てた。主に、介護職の養成カリキュラム（介護職員初任者研修、実務者研修、福祉系高等学校、養成施設）から抽出した基礎的知識の習得程度に関する項目をもとに、アンケート調査を行った。分析方法は、集団間で平均値の差を比較し、検討する方法として、2つの集団間の比較を行うための手法である「t検定（t-test）」を用いる。

1. 基礎知識の習得程度に差はみられるか

　RQ：多様なルートを経て参入される多様な人材ごとにどうような差がみられるか。
　H：基礎知識に対する認識程度に差がみられる。
　分析方法：t検定
　　①最終学歴の場合、高等学校以下と専門学校以上によって差がある。
　　　従属変数：「基礎知識」17項目
　　　独立変数：高等学校以下、専門学校以上
　　②福祉専攻の有無によって差がある。
　　　従属変数：「基礎知識」17項目
　　　独立変数：福祉専攻の有、福祉専攻の無
　　③介護福祉士養成ルートの場合、養成施設と実務者研修によって差がある。
　　　従属変数：「基礎知識」17項目
　　　独立変数：養成施設、実務経験

1）基礎知識の習得程度に対する考え方

「基礎的知識」17項目のうちに最も高い平均値を占めている項目をみると、［基本的介助に関する知識（3.43 ± 0.55)］＞［介護職の仕事内容に関する知識（3.38 ± 0.52)］＞［利用者の安全に関する知識(3.33 ± 0.51)］＞［高齢者の尊厳の保持に関する知識（3.27 ± 0.53)］＞［認知症（利用者）に関する知識（3.26 ± 0.54)］＞［介護職（本人）の安全に関する知識（3.21 ± 0.54)］＞［老化に伴うこころとからだの変化（3.10 ± 0.56)］＞［多職種との連携に関する知識（3.09 ± 0.56)］の順である（表4－1－1)。

一方、平均値が最も低い項目からみると、介護職の職能団体に関する知識（2.37 ± 0.72)］＜［ケアマネジメントに関する知識（2.70 ± 0.72)］＜［経管栄養に関する知識と技術（2.71 ± 0.79)］＜［服薬管理に関する知識（2.79 ± 0.65)］＜［高齢者に多い疾患に関する知識（2.81 ± 0.594)］＜［喀痰吸引に関する知識と技術（2.81 ± 0.78)］＜［障害（利用者）に関する知識（2.82 ± 0.65)］＜［終末期の介護に関する知識（2.87 ± 0.67)］＜［介護職の倫理綱領に関する知識（2.97 ± 0.66)］の順である（表4－1－1)。

表4－1－1　基礎知識の取得程度に対する考え方

		平均値	標準偏差
q2x2x6	基本的介助に関する知識	3.43	0.55
q2x2x9	介護職の仕事内容に関する知識	3.38	0.52
q2x2x1	利用者の安全に関する知識	3.33	0.51
q2x2x2	高齢者の尊厳の保持に関する知識	3.27	0.53
q2x2x4	認知症（利用者）に関する知識	3.26	0.54
q2x2x8	介護職（本人）の安全に関する知識	3.21	0.54
q2x2x5	老化に伴うこころとからだの変化	3.10	0.56
q2x2x12	多職種との連携に関する知識	3.09	0.56
q2x2x10	介護職の倫理綱領に関する知識	2.97	0.66
q2x2x17	終末期の介護に関する知識	2.87	0.67
q2x2x3	障害（利用者）に関する知識	2.82	0.65
q2x2x13	喀痰吸引に関する知識と技術	2.81	0.78
q2x2x15	高齢者に多い疾患に関する知識	2.81	0.59
q2x2x16	服薬管理に関する知識	2.79	0.65
q2x2x14	経管栄養に関する知識と技術	2.71	0.79
q2x2x7	ケアマネジメントに関する知識	2.70	0.72
q2x2x11	介護職の職能団体に関する知識	2.37	0.72

2) 最終学歴による「基礎知識」習得程度の有意差

　表4－1－2をみると、「基礎的知識」17項目の「習得程度」のうち［利用者の安全に関する知識（ t = -1.983, * p = 0.048）］［介護職の倫理綱領に関する知識（ t = -3.859, *** p = 0.000）］［喀痰吸引に関する知識と技術（ t = -3.031, ** p = 0.003）］［経管栄養に関する知識と技術（ t = -2.816, ** p = 0.005）］の4項目から最終学歴（高等学校以下と専門学校以上）による有意差がみられた。

　以上の4項目に対する有意差についてより具体的に検討するため、高等学校以下と専門学校以上との平均値の差を確認した結果、高等学校以下より専門学校以上の方が有意に高い得点を示していた。具体的に高等学校以下と専門学校以上の平均値を比較すると、［利用者の安全に関する知識］は［3.27 < 3.37］、［介護職の倫理綱領に関する知識］は［2.82 < 3.07］［喀痰吸引に関する知識と技術］は［2.66 < 2.89］、［経管栄養に関する知識と技術］は［2.57 < 2.79］であった。特に、「医療的ケアに関する知識」の［喀痰吸引に関する知識と技術］［経管栄養に関する知識と技術］の項目では、高等学校以下と専門学校以上との有意差がみられた。

　以上からみると、「基礎的知識」17項目のうち4項目に対して、高等学校以下の最終学歴をもつ介護職より専門学校以上の最終学歴をもつ介護職の方が習得程度について高く認識していることが分かる。

表4－1－2　基礎知識・高等学校以下と専門学校以上の有意差

	学歴	n	M	SD	t	p
1　利用者の安全に関する知識	高等学校以下	164	3.27	0.48	-1.983	0.048*
	専門学校以上	273	3.37	0.53		
2　介護における高齢者の尊厳の保持に関する知識	高等学校以下	164	3.21	0.52	-1.613	0.108
	専門学校以上	273	3.30	0.53		
3　障害（利用者）に関する知識	高等学校以下	164	2.79	0.64	-0.875	0.382
	専門学校以上	273	2.84	0.65		
4　認知症（利用者）に関する知識	高等学校以下	164	3.23	0.55	-1.138	0.256
	専門学校以上	273	3.29	0.53		
5　老化に伴うこころとからだの変化に関する知識	高等学校以下	164	3.05	0.48	-1.445	0.149
	専門学校以上	273	3.12	0.61		
6　基本的介助に関する知識	高等学校以下	164	3.43	0.53	0.148	0.882
	専門学校以上	273	3.42	0.56		
7　ケアマネジメントに関する知識	高等学校以下	164	2.71	0.73	0.056	0.955
	専門学校以上	273	2.70	0.72		
8　介護職（本人）の安全に関する知識	高等学校以下	164	3.18	0.55	-0.939	0.348
	専門学校以上	273	3.23	0.54		
9　介護職の仕事内容に関する知識	高等学校以下	164	3.35	0.53	-1.072	0.284
	専門学校以上	273	3.40	0.52		
10　介護職の倫理綱領に関する知識	高等学校以下	164	2.82	0.65	-3.859	0.000***
	専門学校以上	273	3.07	0.66		

11 介護職の職能団体（協会・学会）に関する知識	高等学校以下	164	2.32	0.66	-1.299	0.195
	専門学校以上	273	2.41	0.75		
12 他職種との連携（チームケア）に関する知識	高等学校以下	164	3.08	0.53	-0.224	0.823
	専門学校以上	273	3.09	0.57		
13 喀痰吸引に関する知識と技術	高等学校以下	164	2.66	0.80	-3.031	0.003**
	専門学校以上	273	2.89	0.76		
14 経管栄養に関する知識と技術	高等学校以下	164	2.57	0.80	-2.816	0.005**
	専門学校以上	273	2.79	0.77		
15 高齢者に多い疾患に関する知識	高等学校以下	164	2.77	0.59	-1.077	0.282
	専門学校以上	273	2.83	0.60		
16 服薬管理に関する知識	高等学校以下	164	2.71	0.64	-1.839	0.067
	専門学校以上	273	2.83	0.65		
17 終末期の介護に関する知識	高等学校以下	164	2.87	0.68	-0.053	0.958
	専門学校以上	273	2.88	0.67		

注：***p<.001，**p<.01，*p<.05

3）福祉専攻の有無による「基礎知識」習得程度の有意差

　表4－1－3をみると、「基礎的知識」17項目の「習得程度」のうち［介護における高齢者の尊厳の保持に関する知識（ t = 2.287,* p = 0.023）］［介護職の倫理綱領に関する知識（ t = 2.861, ** p = 0.004）］［介護職の職能団体（協会・学会）に関する知識（ t = 2.602,* p = 0.010）］［他職種との連携（チームケア）に関する知識（ t = 3.519, *** p = 0.000）］［喀痰吸引に関する知識と技術（ t = 2.593,* p = 0.010）］［経管栄養に関する知識と技術（ t = 2.772, ** p = 0.006）］［高齢者に多い疾患に関する知識（ t = 2.347,* p = 0.019）］［服薬管理に関する知識（ t = 2.767, ** p = 0.006）］の8項目から福祉専攻の有無による有意差がみられた。これらの8項目に対する有意差についてより具体的に検討するため、福祉専攻の有と福祉専攻の無との平均値の差を確認した結果、福祉専攻の無より福祉専攻の有の方が有意に高い得点を示していた。

　具体的に福祉専攻の有と福祉専攻の無の平均値を比較すると、［介護における高齢者の尊厳の保持に関する知識］は［3.33 > 3.21］、［介護職の倫理綱領に関する知識］は［3.07 > 2.89］、［介護職の職能団体（協会・学会）に関する知識］は［2.47 > 2.29］、［他職種との連携（チームケア）に関する知識］は［3.19 > 3.00］、［喀痰吸引に関する知識と技術］は［2.91 > 2.72］、［経管栄養に関する知識と技術］は［2.82 > 2.61］、［高齢者に多い疾患に関する知識］は［2.88 > 2.75）］、［服薬管理に関する知識］は2.88 > 2.71］であった。

　以上のことからみると、「基礎的知識」17項目のうち8項目に対して、福祉を専攻していない介護職より福祉を専攻した介護職の方が「習得程度」について高く認識していることが分かる。

表 4 − 1 − 3　基礎知識・福祉専攻の有と福祉専攻の無の有意差

	福祉専攻	n	M	SD	t	p
1 利用者の安全に関する知識	有	205	3.38	0.53	1.762	0.079
	無	232	3.29	0.49		
2 介護における高齢者の尊厳の保持に関する知識	有	205	3.33	0.55	2.287	0.023*
	無	232	3.21	0.50		
3 障害（利用者）に関する知識	有	205	2.85	0.64	0.978	0.329
	無	232	2.79	0.65		
4 認知症（利用者）に関する知識	有	205	3.30	0.54	1.445	0.149
	無	232	3.23	0.53		
5 老化に伴うこころとからだの変化に関する知識	有	205	3.14	0.57	1.416	0.158
	無	232	3.06	0.56		
6 基本的介助に関する知識	有	205	3.46	0.56	1.098	0.273
	無	232	3.40	0.54		
7 ケアマネジメントに関する知識	有	205	2.78	0.71	1.935	0.054
	無	232	2.64	0.73		
8 介護職（本人）の安全に関する知識	有	205	3.24	0.55	1.294	0.196
	無	232	3.18	0.53		
9 介護職の仕事内容に関する知識	有	205	3.41	0.53	1.038	0.300
	無	232	3.36	0.52		
10 介護職の倫理綱領に関する知識	有	205	3.07	0.65	2.861	0.004**
	無	232	2.89	0.66		
11 介護職の職能団体（協会・学会）に関する知識	有	205	2.47	0.75	2.602	0.010*
	無	232	2.29	0.68		
12 他職種との連携（チームケア）に関する知識	有	205	3.19	0.56	3.519	0.000***
	無	232	3.00	0.54		
13 喀痰吸引に関する知識と技術	有	205	2.91	0.73	2.593	0.010*
	無	232	2.72	0.81		
14 経管栄養に関する知識と技術	有	205	2.82	0.76	2.772	0.006**
	無	232	2.61	0.81		
15 高齢者に多い疾患に関する知識	有	205	2.88	0.57	2.347	0.019*
	無	232	2.75	0.61		
16 服薬管理に関する知識	有	205	2.88	0.63	2.767	0.006**
	無	232	2.71	0.66		
17 終末期の介護に関する知識	有	205	2.94	0.65	1.825	0.069
	無	232	2.82	0.69		

注：***p<.001，**p<.01，*p<.05

4）介護福祉士の取得経路による「基礎知識」習得程度の有意差

　表 4 − 1 − 4 をみると、「基礎的知識」17 項目の「習得程度」のうち［介護職の職能団体（協会・学会）に関する知識（ t = -2.033，* p = 0.043）］の項目から介護福祉士の取得経路による有意差がみられた。この項目に対する有意差についてより具体的に検討するため、実務経験と養成施設との平均値の差を確認した結果、実務経験より養成施設の方が有意に高い得点を示していた。

具体的に実務経験と養成施設との平均値を比較すると、[介護職の職能団体（協会・学会）に関する知識］は［2.34 ＜ 2.49］であった。

　以上のことからみると、「基礎的知識」17項目のうち［介護職の職能団体（協会・学会）に関する知識］の項目に対して、介護福祉士の取得経路（実務経験と養成施設）による習得程度に有意差がみられるが、実務経験より養成施設の方がより高い認識していることが分かる。

表4－1－4　基礎知識・実務経験と養成施設の有意差

	養成ルート	n	M	SD	t	p
1　利用者の安全に関する知識	実務経験	243	3.32	0.52	-1.470	0.142
	養成施設	146	3.40	0.53		
2　介護における高齢者の尊厳の保持に関する知識	実務経験	243	3.24	0.51	-1.911	0.057
	養成施設	146	3.35	0.55		
3　障害（利用者）に関する知識	実務経験	243	2.82	0.64	-0.691	0.490
	養成施設	146	2.87	0.66		
4　認知症（利用者）に関する知識	実務経験	243	3.25	0.52	-1.373	0.171
	養成施設	146	3.33	0.55		
5　老化に伴うこころとからだの変化に関する知識	実務経験	243	3.09	0.56	-1.142	0.254
	養成施設	146	3.16	0.56		
6　基本的介助に関する知識	実務経験	243	3.43	0.54	-0.343	0.732
	養成施設	146	3.45	0.58		
7　ケアマネジメントに関する知識	実務経験	243	2.72	0.71	-1.149	0.251
	養成施設	146	2.80	0.70		
8　介護職（本人）の安全に関する知識	実務経験	243	3.23	0.52	-0.494	0.622
	養成施設	146	3.25	0.54		
9　介護職の仕事内容に関する知識	実務経験	243	3.41	0.52	0.060	0.952
	養成施設	146	3.40	0.55		
10　介護職の倫理綱領に関する知識	実務経験	243	2.96	0.62	-1.452	0.148
	養成施設	146	3.06	0.71		
11　介護職の職能団体（協会・学会）に関する知識	実務経験	243	2.34	0.68	-2.033	0.043*
	養成施設	146	2.49	0.76		
12　他職種との連携（チームケア）に関する知識	実務経験	243	3.08	0.55	-1.557	0.120
	養成施設	146	3.17	0.54		
13　喀痰吸引に関する知識と技術	実務経験	243	2.82	0.74	-1.126	0.261
	養成施設	146	2.91	0.76		
14　経管栄養に関する知識と技術	実務経験	243	2.70	0.77	-1.834	0.067
	養成施設	146	2.84	0.76		
15　高齢者に多い疾患に関する知識	実務経験	243	2.83	0.54	-0.767	0.444
	養成施設	146	2.88	0.61		
16　服薬管理に関する知識	実務経験	243	2.77	0.61	-1.231	0.219
	養成施設	146	2.86	0.69		
17　終末期の介護に関する知識	実務経験	243	2.92	0.65	0.359	0.720
	養成施設	146	2.90	0.65		

注：***p<.001，**p<.01，*p<.05

2. 介護業務に関する43項目の作成にあたって参考にした資料

　介護業務に関する43項目の作成にあったて、参考にした養成カリキュラムは以下の通りである。表4－5の介護業務に関する43項目に記載されている各番号とは以下の表の領域である（第4章の第3節参照）。出典は、本文（85頁）に記載している。

表4－5－1　介護職員初任者研修カリキュラム

科　　　　目	時間数
1. 職務の理解	6
①多様なサービスの理解、②介護職の仕事内容や働く現場の理解	
2. 介護における尊厳の保持・自立支援	9
①人権と尊厳を支える介護、②自立に向けた介護	
3. 介護の基本	6
①介護職の役割、専門性と多職種との連携 ②介護職の職業倫理 ③介護における安全の確保とリスクマネジメント ④介護職の安全	
4. 介護・福祉サービスの理解と医療との連携	9
①介護保険制度 ②障害者総合支援制度及びその他制度 ③医療との連携とリハビリテーション	
5. 介護におけるコミュニケーション技術	6
①介護におけるコミュニケーション ②介護におけるチームのコミュニケーション	
6. 老化の理解	6
①老化に伴うこころとからだの変化と日常、②高齢者と健康	
7. 認知症の理解	6
①認知症を取り巻く状況 ②医学的側面から見た認知症の基礎と健康管理 ③認知症に伴うこころとからだの変化と日常生活 ④家族への支援	
8. 障害の理解	3
①障害の基礎的理解 ②障害の医学的側面、生活障害、心理・行動の特徴、かかわり支援等の基礎的知識 ③家族の心理、かかわり支援の理解	
9. こころとからだのしくみと生活支援技術	75
1　基本知識の学習 　　①介護の基本的な考え方 　　②介護に関するこころのしくみの基礎的理解 　　③介護に関するからだのしくみの基礎的理解 　2　生活支援技術の講義・演習 　　④生活と家事	

科目及び教育に含むべき事項	時間数
⑤快適な居住環境整備と介護	
⑥整容に関連したこころとからだのしくみと自立に向けた介護	
⑦移動・移乗に関連したこころとからだのしくみと自立に向けた介護	
⑧食事に関連したこころとからだのしくみと自立に向けた介護	
⑨入浴、清潔保持に関連したこころとからだのしくみと自立に向けた介護	
⑩排泄に関連したこころとからだのしくみと自立に向けた介護	
⑪睡眠に関したこころとからだのしくみと自立に向けた介護	
⑫死にゆく人に関したこころとからだのしくみと終末期介護	
3　生活支援技術演習	
⑬介護過程の基礎的理解	
⑭総合生活支援技術演習	
10.　振り返り	
①振り返り	4
②就業への備えと研修修了後における継続的な研修	
合　　計	130
※上記とは別に、筆記試験による修了評価を実施	1

表4－5－2　福祉系高等学校

科目及び教育に含むべき事項	時間数
1.　人間と社会	280
1－1　社会福祉基礎	
①人間の尊厳と自立	
②介護における尊厳の保持・自立支援	
③人間関係の形成	
④コミュニケーションの基礎	140
⑤生活と福祉	
⑥社会保障制度	
⑦介護保険制度	
⑧障害者自立支援制度	
⑨介護実践に関連する諸制度　　　　140	
1－2　人間と社会に関する選択科目	140
2.　介護	1,295
2－1　介護福祉基礎	
①介護福祉士を取り巻く状況	
②介護福祉士の役割と機能を 支えるしくみ	
③尊厳を支える介護	
④自立に向けた介護	
⑤介護を必要とする人の理解	175
⑥介護サービス	
⑦介護実践における連携	
⑧介護従事者の倫理	
⑨介護における安全の確保とリスクマネジメント	
⑩介護従事者の安全	

2-2　コミュニケーション技術	
① 介護におけるコミュニケーションの基本 ② 介護場面における利用者・家族とのコミュニケーション ③ 介護におけるチームのコミュニケーション	70
2-3　生活支援技術　（医療的ケアを含む）	
①生活支援 ②自立に向けた居住環境の整備 ③自立に向けた身じたくの介護 ④自立に向けた移動の介護 ⑤自立に向けた食事の介護 ⑥自立に向けた入浴・清潔保持の介護 ⑦自立に向けた排泄の介護 ⑧自立に向けた家事の介護 ⑨自立に向けた睡眠の介護 ⑩終末期の介護	350
2-4　介護過程	
①介護過程の意義 ②介護過程の展開 ③介護過程の実践的展開 ④介護過程とチームアプローチ	140
2-5　介護総合演習	105
2-6　介護実習	455
3.　こころとからだのしくみ	280
3-1　こころとからだの理解	
①人間の成長と発達の基礎的理解 ②老年期の発達と成熟 ③老化に伴うこころとからだの変化と日常生活 ④高齢者と健康 ①認知症を取り巻く状況 ②医学的側面から見た認知症の基礎 ③認知症に伴うこころとからだ の変化と日常生活 ④連携と協働 ⑤家族への支援 ①障害の基礎的理解 ②障害の医学的側面の基礎的知識 ③連携と協働 ④家族への支援 ①こころのしくみの理解 ②からだのしくみの理解 ③身じたくに関連したこころとからだのしくみ ④移動に関連したこころとからだのしくみ ⑤食事に関連したこころとからだのしくみ ⑥入浴、清潔保持に関連したこころとからだのしくみ ⑦排泄に関連したこころとからだのしくみ	280

教育内容及び教育に含むべき事項	時間数
⑧睡眠に関連したこころとからだのしくみ ⑨死にゆく人のこころとからだのしくみ	
合　計	1,855

表4－5－3　養成施設ルート

教育内容及び教育に含むべき事項	時間数
1．人間と社会	240
1－1　人間の尊厳と自立	30 以上
①人間の尊厳と自立、②介護における尊厳の保持・自立支援	
1－2 人間とコミュニケーション	30 → 60 以上 13
①人間関係の形成、②コミュニケーションの基礎	
1－3　社会の理解	60 以上
①生活と福祉、②社会保障制度、③介護保険制度、④障害者自立支援制度 ⑤介護実践に関連する諸制度	
1－4 人間と社会に関する選択科目	—
2．介護	1,260
2－1　介護の基本	180
①介護福祉士を取り巻く状況 ②介護福祉士の役割と機能を支えるしくみ ③尊厳を支える介護 ④自立に向けた介護 ⑤介護を必要とする人の理解 ⑥介護サービス ⑦介護実践における連携 ⑧介護従事者の倫理 ⑨介護における安全の確保とリスクマネジメント ⑩介護従事者の安全	
2－2　コミュニケーション技術	60
①介護におけるコミュニケーションの基本 ②介護場面における利用者・家族とのコミュニケーション ③介護におけるチームのコミュニケーション	
2－3　生活支援技術	300
①生活支援 ②自立に向けた居住環境の整備 ③自立に向けた身じたくの介護 ④自立に向けた移動の介護 ⑤自立に向けた食事の介護 ⑥自立に向けた入浴・清潔保持の介護 ⑦自立に向けた排泄の介護 ⑧自立に向けた家事の介護 ⑨自立に向けた睡眠の介護 ⑩終末期の介護	

2－4　介護過程	
①介護過程の意義 ②介護過程の展開 ③介護過程の実践的展開 ④介護過程とチームアプローチ	150
2－5　介護総合演習	120
2－6　介護実習	450
3．こころとからだのしくみ	300
3－1　発達と老化の理解	
①人間の成長と発達の基礎的理解 ②老年期の発達と成熟 ③老化に伴うこころとからだの変化と日常生活 ④高齢者と健康	60
3－2　認知症の理解	
①認知症を取り巻く状況 ②医学的側面から見た認知症の基礎 ③認知症に伴うこころとからだの変化と日常生活 ④連携と協働 ⑤家族への支援	60
3－3　障害の理解	
①障害の基礎的理解 ②障害の医学的側面の基礎的知識 ③連携と協働 ④家族への支援	60
3－4　こころとからだのしくみ	
①こころのしくみの理解 ②からだのしくみの理解 ③身じたくに関連したこころとからだのしくみ ④移動に関連したこころとからだのしくみ ⑤食事に関連したこころとから だのしくみ ⑥入浴、清潔保持に関連したこころとからだのしくみ ⑦排泄に関連したこころとからだのしくみ ⑧睡眠に関連したこころとからだのしくみ ⑨死にゆく人のこころとからだのしくみ	120
4．医療的ケア	
4－1　医療的ケア	
①医療的ケア実施の基礎 ②喀痰吸引（基礎的知識・実施 手順） ③経管栄養（基礎的知識・実施 手順） ④演習	50
合　計	1,850

13　「人間関係とコミュニケーション」の教育に含むべき事項に、チームマネジメントを追加（30時間→60時間）に改正される。2019年度より順次導入を想定されている。

表４－５－４　実務者経験ルート（実務者研修）

教育内容及び教育に含むべき事項	時間数	
1．人間と社会	40	
1－1　人間の尊厳と自立	5	
1　人間の尊厳と自立		
1－2　社会の理解Ⅰ	5	
1　介護保険制度		
1－3　社会の理解Ⅱ		35
1　生活と福祉 　2　社会保障制度 　3　障害者自立支援制度 　4　介護実践に関連する諸制度	30	
2．介護	190	
2－1　介護の基本Ⅰ	10	
1　介護福祉士制度 　2　尊厳の保持、自立に向けた介護の考え方と展開 　3　介護福祉士の倫理		30
2－2　介護の基本Ⅱ		
1　介護を必要とする人の生活の理解と支援 　2　介護実践における連携 　3　介護における安全の確保とリスクマネジメント 　4　介護福祉士の安全	20	
2－3　コミュニケーション技術	20	
1　介護におけるコミュニケーション技術 　2　介護場面における利用者・家族とのコミュニケーション 　3　介護におけるチームのコミュニケーション		
2－4　生活支援技術Ⅰ	20	
1　生活支援とICF 　2　ボディメカニクスの活用 　3　介護技術の基本（移動・移乗、食事、入浴・清潔保持、排泄、着脱、整容、口腔清潔、家事援助等） 　4　環境整備、福祉用具活用等の視点		50
2－5　生活支援技術Ⅱ		
1　利用者の心身の状況に合わせた介護、福祉用具等の活用、環境整備・移動・移乗・食事・入浴・清潔保持・排泄・着脱、整容、口腔清潔・睡眠・終末期の介護	30	
2－6　介護過程Ⅰ	20	
1　介護過程の基礎的知識 　2　介護過程の展開 　3　介護過程とチームアプローチ		90
2－7　介護過程Ⅱ		
1　介護過程の展開の実際・利用者の状態（障害、要介護度、医療依存度、居住の場、家族の状況等）について事例を設定し、介護過程を展開させる。観察のポイント、安全確保・事故防止、家族支援、他機関との連携等についても考察させる。	25	

2-8　介護過程Ⅲ（スクーリング）		
1　介護過程の展開の実際　多様な事例を設定し、介護過程を展開させるとともに、知識・技術を総合的に活用した分析力・応用力を評価する。 　2　介護技術の評価　介護技術の原理原則の修得・実践とともに、知識・技術を総合的に活用した判断力・応用力を評価する。	45	
3.　こころとからだのしくみ		170
3-1　発達と老化の理解Ⅰ		
1　老化に伴う心の変化と日常生活への影響 　2　老化に伴うからだの変化と日常生活への影響	10	30
3-2　発達と老化の理解Ⅱ		
1　人間の成長・発達 　2　老年期の発達・成熟と心理 　3　高齢者に多い症状・疾病等と留意点	20	
3-3　認知症の理解Ⅰ		
1　認知症ケアの理念 　2　認知症による生活障害、心理・行動の特徴 　3　認知症の人とのかかわり・支援の基本	10	30
3-4　認知症の理解Ⅱ		
1　医学的側面から見た認知症の理解 　2　認知症の人や家族への支援の実際	20	
3-5　障害の理解Ⅰ		
1　障害者福祉の理念 　2　障害による生活障害、心理・行動の特徴 　3　障害児者や家族へのかかわり・支援の基本	10	30
3-6　障害の理解Ⅱ		
1　医学的側面からみた障害の理解 　2　障害児者への支援の実際	20	
3-7　こころとからだのしくみⅠ		
1　介護に関係した身体の仕組みの基礎的な理解（移動・移乗、食事、入浴・清潔保持、排泄、着脱、整容、口腔清潔等）	20	80
3-8　こころとからだのしくみⅡ		
1　人間の心理 　2　人体の構造と機能 　3　身体の仕組み、心理・認知機能等を踏まえた介護におけるアセスメント・観察のポイント、介護・連携等の留意点　・移動・移乗・食事・入浴・清潔保持・排泄・着脱、整容、口腔清潔・睡眠・終末期の介護	60	
4.　医療的ケア		
4-1　医療的ケア		50
1　医療的ケア実施の基礎 　2　喀痰吸引（基礎的知識・実施手順） 　3　経管栄養（基礎的知識・実施手順）4 演習		
合　　計		450

※「医療的ケア」には50時間とは別に演習を修了する必要がある。

表４－５－５　認定介護福祉士（Ⅰ類・Ⅱ類）

	教育内容及び教育に含むべき事項	時間数
Ⅰ類	1. 認定介護福祉士養成研修導入	
	1－1　認定介護福祉士概論	15（7）
	①認定介護福祉士の社会的使命と介護の専門性 ②介護現場における様々な問題とその要因 ③チーム運営と職種間連携、求められるリーダーシップ	
	2. 医療に関する領域	
	2－1　疾患・障害等のある人への生活支援・連携Ⅰ	30（30）
	①生活支援場面で必要となる解剖生理、病態生理、症候、疾病等に関する基礎的な知識 ②疾患・障害等において、生活支援に必要な基礎的な知識	
	2－2　疾患・障害等のある人への生活支援・連携Ⅱ	30（15）
	①生活支援で行う医行為や実践する際の留意点 ②在宅療養者が使用する主な医療機器の取扱いに関する留意点 ③生活支援における急変時対応 ④生活支援における服薬管理に関する知識や留意点 ⑤主治医やかかりつけの薬剤師等との連携	
	3. リハビリテーションに関する領域	
	3－1　生活支援のための運動学	10（10）
	①身体表面のランドマークの名称 ②骨、関節、筋、中枢神経、末梢神経などの解剖・生理 ③内部器官の運動時の生理 ④身体運動の基本的知識（関節可動域、筋力、運動の方向、動作） ⑤運動の基本的な力学的考え方（モーメントなど） ⑥摂食嚥下における解剖・運動生理	
	3－2　生活支援のためのリハビリテーションの知識	20（8）
	①リハビリテーションの理念 ②心身の評価とアプローチ ③各日常生活動作における各関節・筋の運動、および上肢・体幹・下肢の相互関係 ④運動学的視点を生活支援に活かす考え方 ⑤生活支援の中で活かすリハビリテーションの視点 ⑥心理的な理解を生活支援に活かす考え方 ⑦リハ職種との連携・協働を行うために必要な視点と知識	
	3－3　自立に向けた生活をするための支援の実践	30（8）
	①疾患別リハビリテーションの基礎 ②日常生活動作（ADL）指導 ③日常生活動作介助・支援 ④シーティング・移動（移乗を含む）支援 ⑤リハ職種との連携や介護チームの指導を行うために必要な知識・技術	
	4. 福祉用具と住環境に関する領域	
	4－1　福祉用具と住環境	30（0）
	①介護場面（移動・移乗、睡眠、起居、排せつ、入浴、食事、コミュニケーション等）に応じた適切な福祉用具の選定や住環境の整備	

	②福祉用具・生活支援機器・義肢装具・自助具などの種類と機能 ③利用者の障害の程度による機器の選定方法と、福祉用具を活用する際のリスクの理解 ④利用者の住環境の評価 ⑤利用者が自立生活を送るための障害の状況に応じた住環境の課題と対策	

5. 認知症に関する領域

	5－1　認知症のある人への生活支援・連携	
	①認知症（MCI、アルツハイマー病の認知症、血管性認知症、レビー小体型認知症、前頭側頭葉型認知症、若年性認知症等） ②認知症の生活支援に必要な知識・技術（リハビリテーションを含む） ③認知症支援に関する社会制度等 ④他職種連携等の基礎的な知識（認知症に関するアセスメントツール、医療職・リハビリ職との連携）	30 (15)

6. 心理・社会的支援の領域

	6－1　心理的支援の知識技術	
	①心理学の基本的理解 ②自己と他者の心理的理解 ③学習と動機づけの理解 ④心理的支援技法の基礎と実践	30 (15)
I類	6－2　地域生活の継続と家族支援	
	①社会関係、ソーシャルサポート、社会的役割、社会参加の重要性と支援 ②地域のインフォーマルな担い手による互助活動 ③家族支援	30 (15)

7. 生活支援・介護過程に関する領域

	7－1　認定介護福祉士としての介護実践の視点	
	①根拠に基づいた介護（evidence-based care；ＥＢＣ） ②介護の科学化（支援の根拠の明確化） ③生活支援・自立支援を実践するための介護 ④生活支援・自立支援のためのアセスメント ⑤個別支援計画作成の視点の獲得	30 (0)
	7－2　個別介護計画作成と記録の演習	
	①事例に沿った医学的知識、運動学の知識、介護過程の展開に沿った個別支援計画の作成と指導 ②作成した個別支援計画の評価、修正 ③個別支援計画に沿った記録様式の作成、記録方法の修得 ④記録方法の指導、開発	30 (0)
	7－3　自職場事例を用いた演習	
	①学んだ知識・技術を統合し、利用者の全人的理解、他の専門職の情報（治療状況、看護の経過、リハビリの経過）、家族状況などを踏まえた、個別支援計画の作成（医療・看護・リハビリ等の知識の確認を含む） ②自職場で個別支援計画をプレゼンテーションし、介護職員の共通理解を図る。	30 (20)

	③自職場で個別支援計画を実施し、実施経過を記録する。 ④実施経過から事例検討のための資料を作成し、事例検討会を開催する。	
	Ⅰ類　計	345 (143)

Ⅱ類	**8.　医療に関する領域**		
	8－1　疾患・障害等のある人への生活支援・連携Ⅲ		
	①高齢者・障害者の疾患・障害等（日常によくある疾患だけでなく、対応する頻度は少ないが学習しておくことが重要なもの）発生等の機序、症状、治療、看護、薬の知識、アセスメント、生活支援の留意点・観察のポイント等 ②難病、特定疾病の知識とその対応 ③人工呼吸器の取扱い上の留意点 ④他職種との連携や確認のポイント等 ⑤高齢者・障害者の疾患・障害等に応じた生活支援 ⑥介護職チームへの指導教育 ⑦先天性障害・乳幼児期からの障害（ポリオ等）、認知症以外の精神障害、神経難病、術後管理等 ⑧出現している症状から原因を理解する事例、症状が重複している事例 ⑨人生の最終段階における支援	30 (15)	
	9.　心理・社会的支援の領域		
	9－1　地域に対するプログラムの企画		
	①地域包括ケアシステムの考え方と構築にむけた課題 ②自分の地域における地域ケアシステム構築の課題等の把握と等の調査 ③地域の課題やニーズを踏まえた家族支援、地域連携、地域資源開発などのプログラムの企画	30 (15)	
	10.　マネジメントに関する領域		
	10－1　介護サービスの特性と求められるリーダーシップ、人的資源の管理		
	①介護サービスの特性と求められるマネジメント ②リーダーシップ、モチベーション ③キャリアと経験学習	15 (7)	
	10－2　チームマネジメント		
	①チームに関する基礎理論とその活用 ②他職種連携やチームが機能するための基礎知識・理論とその活用 ③組織文化の分析	30 (15)	
	10－3　介護業務の標準化と質の管理		
	①ヒューマンサービスの特性 ②サービスの質の評価の枠組み ③実践の記述と分析 ④介護業務の標準化と管理	30 (15)	
	10－4　法令理解と組織運営		
	①法令理解と組織運営 ②法規の構造	15 (7)	

③コンプライアンス ④リスクマネジメント	
10－5　介護分野の人材育成と学習支援	
①成長を支援する組織 ②成人の学習に関する原則 ③人材育成の体系 ④地域包括ケアシステムの構築と社会環境づくり	15（7）
11.　自立に向けた介護実践の指導領域	
11－1　応用的生活支援の展開と指導	
①利用者の状態の積極的な改善を目指した一連のサービス展開について、根拠となる知識（高齢者の解剖生理等）、生活支援全体のプランニング、チームケアの展開における指導の留意点など ②職場を改善するための指導・育成のポイント	60（40）
11－2　地域における介護実践の展開	
①地域におけるそれぞれの介護実践を理解し、地域において利用者を継続的に支える支援を展開していくためのポイント ②介護職チームとして、ケアカンファレンスを適切に実施し、介護チームの提供するサービスの質を向上するための指導や環境整備を行うための留意点 ③地域の介護力の向上を図るための役割 ④地域における住民等の人間的尊厳が保障され豊かな生活を送れるような地域社会をつくるための啓蒙的役割	30（0）
Ⅱ類　　計	345 （143）
合　計	600 （264）

3. 本研究における調査票

　本研究で用いた調査票は以下である。2019 年 2 月に実施した調査の概要と調査票については、第 4 章第 2 節・調査概要に、「1．調査の対象、方法及び期間、倫理的配慮」「2．調査票の構成」としてまとめている。

介護職の専門性の明確化に関する研究
——介護職の専門性の構成要素の具体化——

同志社大学大学院社会学研究科

社会福祉学専攻　博士後期課程　任　セア

本調査へのご協力のお願い

この調査は「**介護職の専門性の明確化に関する研究**」の一環として実施します。本調査の目的をご理解いただき、調査にご協力くださいますようお願い致します。

1. 調査対象者
　貴施設に従事している**介護職員3人**を選定して下さい。
　　※回答時間：約10分から15分程度

※選定基準：一般職員2人、一般職員以外（リーダー、主任、介護長等）1人

2. 調査期間
　ご回答いただいた調査票は、同封の返信用封筒（**切手不要**）にて <u>2019年2月28日（木）まで（消印有効）</u> に、ご投函くださいますようお願いいたします。
※返送期間に間に合わない場合は一週間程度の延長も可能です。

3. 調査目的
　本調査の目的は、理論研究で抽出した介護職の専門性の構成要素をより明確に検討するため、介護現場での介護職員にアンケート調査を実施し、その妥当性について検証することです。
　これまで不明確であった介護職の専門性を明確にすることで、介護職の教育と指導、評価の判断基準の構築を試みることができます。

4. 倫理的配慮
　ご回答いただいた内容は、調査目的以外には使用いたしません。また、本調査は**無記名**ですので、回答者が特定できません。調査への拒否や一部調査項目への回答拒否があってもそのことで**不利益が生じることはありません**。なお、本調査は**同志社大学研究倫理委員会の承認**を得ました。

※ご不明点がありましたら、以下までお問い合わせくださいますようお願いいたします。

【代表責任者】　　埋橋　孝文（同志社大学社会学研究科教授）
【調査担当者】　　任　セア（同志社大学大学院博士後期課程）
【問い合わせ先】　任　セア（調査担当者）
　　　　　　　　　メール　：

Q1. あなたご自身について伺います。

	基本属性
1	性別についてお答えください。（✓は1つ） □男性　　　　　　　　　　　　□女性
2	あなたの年齢についてお答えください。（✓は1つ） □20歳未満 □20歳以上〜30歳未満　　　　　□50歳以上〜60歳未満 □30歳以上〜40歳未満　　　　　□60歳以上〜70歳未満 □40歳以上〜50歳未満　　　　　□70歳以上
3	あなたの最終学歴についてお答えください。（✓は1つ） □小学校　　　　　　　　　　　□短期大学 □中学校　　　　　　　　　　　□大学 □高等学校　　　　　　　　　　□大学院 □専門学校　　　　　　　　　　□その他（　　　　　　　）
4	あなたは上記の最終学歴で福祉（介護・保育・児童）を専攻しましたか。（✓は1つ） □はい　　　　　　　　　　　　□いいえ
5	あなたがこれまで介護職として勤務した期間（他の法人の経験も含む）についてお答えください。 約（　　　　　　　）年（　　　　　　）ヵ月　＊2019年1月1日現在
6	あなたの最近一か月間の出勤回数と残業回数についてお答えください。 一か月間の出勤（　　　　　　　）回のうち残業（　　　　　　　）回
7	あなたの雇用形態についてお答えください。（✓は1つ） □正規職員　　　　　　　　　　□派遣職員 □フルタイムパート　　　　　　□パートタイム・アルバイト
8	あなたの職位（職級）についてお答えください。いずれに相当しますか。（✓は1つ） □管理職級（介護長）　　　　　□一般職員（介護職員） □主任級（リーダー）　　　　　□その他（職位：＿＿＿＿級、職名：＿＿＿＿）
9	あなたが取得した資格・研修についてお答えください。 それぞれあてはまるものすべてに✓をつけてください。（複数回答） □無資格　　　　　□介護職員初任者研修　　　□社会福祉主事 □認定介護福祉士　□ホームヘルパー（1級・2級）□保育士 □介護福祉士（問10↓へ）□介護職員基礎研修　　□その他（　　　　　） □実務者研修　　　□社会福祉士
10	あなたは介護福祉士の資格をどのようなルートでとりましたか。（✓は1つ） □高校福祉科卒業　　　　　　　□保育士養成施設等卒業後、養成施設 □養成施設（2年以上）　　　　　（1年課程） □養成施設（大学・4年課程）　□実務経験3年 □福祉系大学・社会福祉士養成施設等□通信教育を修了 　卒業後、養成施設（1年課程）□EPA（経済連携協定）介護福祉士候補者

Q2. 基礎的知識について伺います。
　あなたは以下の知識を持っていますか。それぞれあてはまるもの1つに✓をつけてください。（✓は1つ）

2-1　介護サービス提供に関する知識	全く持っていない	あまり持っていない	やや持っている	とても持っている
1　利用者の安全に関する知識				
2　介護における高齢者の尊厳の保持に関する知識				
3　障害（利用者）に関する知識				
4　認知症（利用者）に関する知識				
5　老化に伴うこころとからだの変化に関する知識				
6　基本的介助に関する知識 　（身じたく・移動・食事・入浴・清潔保持・排泄・睡眠）				
7　ケアマネジメントに関する知識				

2-2　介護職の職務の理解に関する知識	全く持っていない	あまり持っていない	やや持っている	とても持っている
1　介護職（本人）の安全に関する知識				
2　介護職の仕事内容に関する知識				
3　介護職の倫理綱領に関する知識				
4　介護職の職能団体（協会・学会）に関する知識				
5　他職種との連携（チームケア）に関する知識				

2-3　医療的ケアに関する知識	全く持っていない	あまり持っていない	やや持っている	とても持っている
1　喀痰吸引に関する知識と技術 　（口腔内、鼻腔内、気管カニューレ内部）				
2　経管栄養に関する知識と技術 　（胃ろう、腸ろう、経鼻経管栄養）				
3　高齢者に多い疾患に関する知識 　（認知症、脳梗塞、高血圧、糖尿病、慢性腎不全、前立腺肥大症、褥瘡、疥癬、変形性膝関節症、閉塞性動脈硬化症など）				
4　服薬管理に関する知識				
5　終末期（看取り・ターミナルケア）の介護に関する知識				

いよいよ！スタートです。

（次のページへ続く）

Q3．介護業務について伺います。
　あなたは以下の介護業務を行う際に①専門性を要する、②重要である、③できると思っていますか。それぞれあてはまるもの1つに✓をつけてください。（✓は1つ）

03のチェックの例			全くそう思わない	あまりそう思わない	そう思う	ややそう思う	とてもそう思う
素晴らしい介護	（は）専門性を要する	問1		✓			
	（は）できる	問2	✓				
	（は）重要である	問3					✓

3－1　身体援助に関わる介護			全くそう思わない	あまりそう思わない	そう思う	ややそう思う	とてもそう思う
入浴介助	（は）専門性を要する	問1					
	（は）できる	問2					
	（は）重要である	問3					
排泄介助	（は）専門性を要する	問4					
	（は）できる	問5					
	（は）重要である	問6					
就寝介助・起床介助	（は）専門性を要する	問7					
	（は）できる	問8					
	（は）重要である	問9					
更衣（脱着）介助	（は）専門性を要する	問10					
	（は）できる	問11					
	（は）重要である	問12					
食事介助	（は）専門性を要する	問13					
	（は）できる	問14					
	（は）重要である	問15					
口腔ケア	（は）専門性を要する	問16					
	（は）できる	問17					
	（は）重要である	問18					
体位交換・移乗・移動	（は）専門性を要する	問19					
	（は）できる	問20					
	（は）重要である	問21					
清潔保持	（は）専門性を要する	問22					
	（は）できる	問23					
	（は）重要である	問24					

あと！半分です。最後までお願い致します。

（次のページへ続く）

3−2　医療的ケア				全くそう思わない	あまりそう思わない	ややそう思う	とてもそう思う
喀痰吸引の実施	（は）専門性を要する	問1					
	（は）できる	問2					
	（は）重要である	問3					
経管栄養の実施	（は）専門性を要する	問4					
	（は）できる	問5					
	（は）重要である	問6					
血圧・体温測定	（は）専門性を要する	問7					
	（は）できる	問8					
	（は）重要である	問9					
病気・症状に合わせた介護	（は）専門性を要する	問10					
	（は）できる	問11					
	（は）重要である	問12					
服薬管理	（は）専門性を要する	問13					
	（は）できる	問14					
	（は）重要である	問15					
終末期の介護（看取り・ターミナルケア）	（は）専門性を要する	問16					
	（は）できる	問17					
	（は）重要である	問18					

3−3　生活援助に関わる介護				全くそう思わない	あまりそう思わない	ややそう思う	とてもそう思う
見守り	（は）専門性を要する	問1					
	（は）できる	問2					
	（は）重要である	問3					
巡回	（は）専門性を要する	問4					
	（は）できる	問5					
	（は）重要である	問6					
配下膳（配膳・下膳）	（は）専門性を要する	問7					
	（は）できる	問8					
	（は）重要である	問9					
洗濯・衣類の整理	（は）専門性を要する	問10					
	（は）できる	問11					
	（は）重要である	問12					
利用者の居室の掃除・ベッドメイキング（シーツ交換）	（は）専門性を要する	問13					
	（は）できる	問14					
	（は）重要である	問15					
共有スペースの掃除（ユニットリビング、お風呂場など）	（は）専門性を要する	問16					
	（は）できる	問17					
	（は）重要である	問18					
レクリエーションの企画（遠足、祭り、誕生日会、食事会など）	（は）専門性を要する	問19					
	（は）できる	問20					
	（は）重要である	問21					

03 のチェックの例				全くそう思わない	あまりそう思わない	ややそう思う	とてもそう思う
	素晴らしい介護	（は）専門性を要する	問 1		✓		
		（は）できる	問 2	✓			
		（は）重要である	問 3				✓

3－4　情報共有と連携			全くそう思わない	あまりそう思わない	ややそう思う	とてもそう思う
多職種との連携・情報共有	（は）専門性を要する	問 1				
	（は）できる	問 2				
	（は）重要である	問 3				
介護職員との情報共有（申し送り）	（は）専門性を要する	問 4				
	（は）できる	問 5				
	（は）重要である	問 6				
介護業務日誌の記入	（は）専門性を要する	問 7				
	（は）できる	問 8				
	（は）重要である	問 9				
リスクマネジメント（利用者の安全のため）	（は）専門性を要する	問 10				
	（は）できる	問 11				
	（は）重要である	問 12				
介護計画の作成・見直し	（は）専門性を要する	問 13				
	（は）できる	問 14				
	（は）重要である	問 15				

3－5　個別性に沿った介護			全くそう思わない	あまりそう思わない	ややそう思う	とてもそう思う
利用者の健康状態の把握	（は）専門性を要する	問 1				
	（は）できる	問 2				
	（は）重要である	問 3				
利用者の気分の把握	（は）専門性を要する	問 4				
	（は）できる	問 5				
	（は）重要である	問 6				
利用者のニーズの把握	（は）専門性を要する	問 7				
	（は）できる	問 8				
	（は）重要である	問 9				
利用者の残存能力の把握	（は）専門性を要する	問 10				
	（は）できる	問 11				
	（は）重要である	問 12				
利用者とのコミュニケーション	（は）専門性を要する	問 13				
	（は）できる	問 14				
	（は）重要である	問 15				

3-6　利用者への尊厳			全くそう思わない	あまりそう思わない	ややそう思う	とてもそう思う
尊厳のある介護	（は）専門性を要する	問1				
	（は）できる	問2				
	（は）重要である	問3				
利用者に対する倫理観（プライバシー尊重、生命尊重）	（は）専門性を要する	問4				
	（は）できる	問5				
	（は）重要である	問6				
身体的虐待の予防	（は）専門性を要する	問7				
	（は）できる	問8				
	（は）重要である	問9				
精神的虐待の予防	（は）専門性を要する	問10				
	（は）できる	問11				
	（は）重要である	問12				
ネグレクト（放任・放置）の予防	（は）専門性を要する	問13				
	（は）できる	問14				
	（は）重要である	問15				
信頼関係の構築	（は）専門性を要する	問16				
	（は）できる	問17				
	（は）重要である	問18				

3-7　自己啓発			全くそう思わない	あまりそう思わない	ややそう思う	とてもそう思う
業務バランスの維持（介護業務に偏りがない）※偏りの例：入浴介助だけ担当する、夜勤だけ入る、早出だけ入るなど	（は）専門性を要する	問1				
	（は）できる	問2				
	（は）重要である	問3				
自己啓発（研修参加，自己学習）	（は）専門性を要する	問4				
	（は）できる	問5				
	（は）重要である	問6				
職業倫理の保持	（は）専門性を要する	問7				
	（は）できる	問8				
	（は）重要である	問9				
適切な判断能力	（は）専門性を要する	問10				
	（は）できる	問11				
	（は）重要である	問12				
責任感の保持	（は）専門性を要する	問13				
	（は）できる	問14				
	（は）重要である	問15				
同僚（部下も含む）へのアドバイス	（は）専門性を要する	問16				
	（は）できる	問17				
	（は）重要である	問18				

もうすぐゴールですよ！

（次のページへ続く）

Ｑ４．介護職の職業に対する考え方について伺います。

あなたは介護職の職業についてどのように思っていますか。それぞれあてはまるもの１つに✓をつけてください。

（✓は１つ）

4　働く上での悩み、不安、不満	全くそう思わない	あまりそう思わない	ややそう思う	とてもそう思う
1	人手が足りない				
2	仕事内容のわりに賃金が低い				
3	有給休暇が取りにくい				
4	身体的負担が大きい（腰痛や体力、感染症、怪我）に不安がある				
5	精神的にきつい				
6	業務に対する社会的評価が低い				
7	休憩が取りにくい				
8	夜間や深夜時間帯に何か起きるのではないかと不安がある				
9	労働時間が不規則である				
10	労働時間が長い				
11	福祉機器の不足、機器操作の不慣れ、施設の構造に不安がある				
12	雇用が不安定である				
13	不払い残業がある				
14	職務として行う医的（医療的）な行為に不安がある				
15	正規職員になれない				
16	仕事中の怪我などへの補償がない				

Q5. 現在の仕事の満足度について伺います。
　あなたは現在の仕事についてどの程度満足していますか。それぞれあてはまるもの1つに✓をつけてください。
　（✓は1つ）

5　現在の仕事の満足度	全くそう思わない	あまりそう思わない	ややそう思う	とてもそう思う
1　仕事の内容・やりがい				
2　職場の人間関係，コミュニケーション				
3　職場の環境				
4　雇用の安定性				
5　労働時間・休日等の労働条件				
6　勤務体制				
7　福利厚生				
8　職業生活全体				
9　キャリアアップの機会				
10　人事評価・処遇のあり方				
11　賃金				
12　教育訓練・能力開発のあり方				

Q6. 仕事に関する希望について伺います。
　あなたは以下の仕事に関する希望についてどのように思っていますか。それぞれあてはまるもの1つに✓をつけてください。（✓は1つ）

6　仕事に関する希望	全くそう思わない	あまりそう思わない	ややそう思う	とてもそう思う
1　今の仕事（介護職）を続けたい				
2　介護関係の別の勤務先で働きたい				
3　介護以外の福祉関係の別の勤務先で働きたい				
4　介護・福祉関係以外の別の勤務先で働きたい				

ご協力どうもありがとうございました

あとがき

　本書は、2020年3月に同志社大学に提出した博士論文『実践現場における介護職の専門性の向上に関する研究——人材育成の仕組みづくりに向けて』を加筆修正したものである。

　本書の刊行にあたり、多くの方々にご指導・ご支援をいただいた。この場を借りて謝辞を申し上げさせていただきたい。

　初めに、同志社大学で博士論文の執筆にあたって、博士後期課程から6年間、丁寧なご指導をいただいた指導教授の埋橋孝文先生に心より感謝申し上げる。埋橋先生から研究のロジックについて粘り強く熱心にご指導をいただいたことで、私に足りなかった論理的思考力と探求力、実行力を身に付けることができた。また、先生は私の可能性を最大限に引き出してくださった。埋橋先生のご指導がなければ博士論文を完成させることはできなかったと言っても過言ではない。

　次に、小山隆先生には、第一副査をご担当いただき、博士後期課程から6年間、研究や学術活動だけでなく、就職活動までご指導いただいた。外国人留学生がもつ悩みについても、いつも笑顔で助言してくださった。本書では深く触れていないが、介護の「専門職」はどうあるべきかについて何度も議論したことで、その内容を今回の研究の介護職の「専門性」の知見につなげることができた。小山先生のご指導のおかげで研究内容を深めることができたと思う。

　また、ご多忙中にもかかわらず、第二副査をご担当いただいた県立広島大学の田中聡子先生には、博士論文の全体の流れ及び量的研究に関するデータ分析や考察についてご指導をいただいた。厚くお礼申し上げたい。

　加えて、修士論文（大分大学）の執筆時から研究テーマの設定と理論構築に関して的確なご指導をいただいた松山大学の椋野美智子先生に心より感謝

申し上げる。椋野先生は、介護現場の実態を体で学ぶという点で最も貴重な場となった介護現場を紹介してくださった。このことから、2011年度から介護現場との関わりを深めることができ、現場の実態から課題を把握し、理論と実践をつなげることができた。

　最後になるが、調査にご協力してくださった実践現場の介護職員の方々と調査の実施を許可してくださった各施設の関係者の皆様方に厚くお礼申し上げたい。また、今回の出版を快くお引き受けいただいた明石書店の神野斉氏と板垣悟氏、編集部の皆様に心より感謝申し上げる。

　　　2020年8月

　　　　　　　　　　　　　　　　　　　　　　　　任　セア

索　引

著者プロフィール

任　セア（いむ　せあ）
東洋大学ライフデザイン学部生活支援学科（介護福祉士コース）
助教（実習担当）。社会福祉士・介護福祉士・博士（社会福祉学）

2011 年　聖カタリナ大学社会福祉学部卒業
2013 年　大分大学大学院福祉社会科学研究科福祉社会科学専攻
　　　　　修士課程修了
2020 年　同志社大学大学院社会学研究科社会福祉学専攻博士
　　　　　後期課程修了
この間、2011 年より社会福祉法人龍和会　特別養護老人ホーム寿
志の里で介護職員（パートタイム）として勤務。2013 年より社会福
祉法人こころの家族　ケアハウス故郷の家・京都で生活相談員とし
て勤務。2014 年より同施設で介護職員（パートタイム）として勤務。
［専　門］
介護職の専門性、介護専門職の人材育成、介護領域の日韓比較（介
護福祉士、療養保護士）
［主な業績］
「韓国の療養保護士の養成及び研修に関する研究 ──日本の介護福
祉士との比較を中心に」『福祉社会科学』(4) 1-14, 2014 年 12 月
「ケアワーカーの専門職化に関する研究──日本の養成制度からの
示唆」『介護福祉学』24 (1) 1-8, 2017 年 10 月
「療養現場での療養保護士の専門性に関する研究」『長期療養研究』
6(1) 49-78, 2018 年 03 月（記述言語：韓国語）
「介護職の専門性の構成要素に関する研究──これまでの研究動向
の考察から」『評論・社会科学』(125) 37-53, 2018 年 5 月
「療養保護士の専門職の発展可能性に関する研究」『長期療養研究』
7 (1) 33-52, 2019 年 4 月（記述言語：韓国語）
「Policy Responses to Population Aging: Experiences of
International Organizations and Selected Countries」代表者：Joo,
Bohye（分担執筆）『韓国保健社会研究院（KIHASA）』2019 年 12
月（記述言語：韓国語）など

介護職の専門性と質の向上は確保されるか
──実践現場での人材育成の仕組みづくりに関する研究

2020 年 9 月 25 日　初版第 1 刷発行

著　者	任　セア
発行者	大江　道雅
発行所	株式会社 明石書店

〒 101-0021　東京都千代田区外神田 6-9-5
電　話　03 (5818) 1171
FAX　03 (5818) 1174
振　替　00100-7-24505
http://www.akashi.co.jp

装　丁	明石書店デザイン室
印　刷	株式会社文化カラー印刷
製　本	本間製本株式会社

（定価はカバーに表示してあります）　　ISBN978-4-7503-5080-6

JCOPY　〈出版者著作権管理機構 委託出版物〉

本書の無断複製は著作権法上での例外を除き禁じられています。複製される場合は、そのつど事前に、出版者著作権管理機構（電話 03-5244-5088、FAX 03-5244-5089、e-mail: info@jcopy.or.jp）の許諾を得てください。

講座 現代の社会政策 《全6巻》

A5判／上製
◎4,200円

いまから約一世紀前の1907年12月、当時の社会政策学会は工場法をテーマとした第一回大会を開催した。その後の十数年間、年一回の大会を開催し社会に対して喫緊の社会問題と社会政策に関する問題提起を行い、一定の影響を与えた。いま社会政策学会に集う学徒を中心に明石書店からこの〈講座 現代の社会政策〉を刊行するのは、形は異なるが、百年前のこのひそみに倣い、危機に追い込まれつつあった日本の社会政策の再構築を、本講座の刊行に尽力された社会政策を専攻する多くの学徒とともに願うからである。

〔シリーズ序文〔武川正吾〕より〕

第1巻 **戦後社会政策論**
玉井金五・佐口和郎 編著

第2巻 **生活保障と支援の社会政策**
中川清・埋橋孝文 編著

第3巻 **労働市場・労使関係・労働法**
石田光男・願興寺喆之 編著

第4巻 **社会政策のなかのジェンダー**
木本喜美子・大森真紀・室住眞麻子 編著

第5巻 **新しい公共と市民活動・労働運動**
坪郷實・中村圭介 編著

第6巻 **グローバリゼーションと福祉国家**
武川正吾・宮本太郎 編著

〈価格は本体価格です〉

新・福祉文化シリーズ【全5巻】

▶**日本福祉文化学会編集委員会** 編　四六判／並製／各巻2200円

「福祉を拓き、文化を創る」共生社会の実現を目指し、実践と研究をつないでいくために必要なことは何か。シリーズ5巻を通して考察する。

1 福祉文化とは何か
河東田 博（編集代表）

多彩で豊かな実践に学び、「創造的福祉文化社会」実現に向けた「福祉文化」の意義と役割を提示する。

2 アクティビティ実践とQOLの向上
石田易司（編集代表）

一人ひとりの生活の質を向上させる福祉文化活動を行うためには何が必要なのか。豊富な実践事例から探る。

3 新しい地域づくりと福祉文化
磯部幸子、島田治子、マーレー寛子（編集代表）

地域文化の再発見、新しい文化的価値による活性化、ネットワーキング活動、福祉教育との融合という4つの視点から取り組みを紹介。

4 災害と福祉文化
渡邊 豊（編集代表）

錯綜する情報の中で福祉文化が担うべき役割とは。新潟、神戸の事例を中心に、災害時における福祉文化活動の考え方・取り組みを紹介。

5 福祉文化学の源流と前進
永山 誠（編集代表）

福祉文化とは何か。地域での理念と実践を背景に福祉文化学はどう深化したのか、行政側の福祉文化理論とは、等などの視点から検証。

〈価格は本体価格です〉

増補改訂版 看護と介護のための社会学

濱野健、須藤廣 編著

A5判／並製／272頁
◎2500円

看護師・介護福祉士を目指す人にとって、医療・ケアと社会制度・地域社会やグローバリゼーションとの関わりといった、社会学的な理解は重要になっている。本書は、看護・介護分野の学校で講義を行う執筆陣が、社会学的な知識や考え方を説く基本テキストである。

介護行財政の地理学
ポスト成長社会における市町村連携の可能性

杉浦真一郎 著

A5判／上製／244頁 ◎4500円

平成の大合併期を経て地方行財政の枠組が再編されたなか、介護保険の広域運営における関係自治体間での負担と受益のバランスについて精緻にデータを分析。超高齢化、人口減少が進むポスト成長社会における市町村連携のあり方に示唆を与える。

〈価格は本体価格です〉

EPAインドネシア人看護師・介護福祉士の日本体験

帰国者と滞在継続者の10年の追跡調査から

浅井亜紀子、箕浦康子 著

A5判／上製／456頁 ◎5500円

インドネシア人看護師・介護福祉士の経験はどのようなものか。来日した候補者、受け入れ病院・施設、政府やNPOなど関係者への膨大な聞き取りの記録と分析は、今後の外国人政策や受け入れ施設にとって大きな示唆をもつ、他に類例のない労作。

介護人類学事始め

生老病死をめぐる考現学

林美枝子 著

四六判／並製／368頁 ◎2700円

高齢社会を迎え、高齢者介護に関わることが他人事ではなくなりつつある現在。これまで医療・看護の面からしか扱われてこなかった介護における様々な項目や課題を、文化人類学の比較文化論的視点から全体論的アプローチを駆使して解題することに挑む初の試み。

高齢者の社会的孤立と地域福祉
計量的アプローチによる測定・評価・予防策
斉藤雅茂著
◎3600円

高齢期における社会的ネットワーク
ソーシャル・サポートと社会的孤立の構造と変動
中田知生著
◎3500円

高齢者福祉概説【第5版】
黒田研二、清水弥生、佐瀬美恵子編著
◎2500円

改正介護保険実務ガイド
「自治体」「事業者」「利用者・市民」のための対応マニュアル
田中尚輝、奈良環著
認定NPO法人市民福祉団体全国協議会監修
◎2800円

地図でみる日本の健康・医療・福祉
宮澤仁編著
◎3700円

地域包括ケアと生活保障の再編
新しい「支え合い」システムを創る
宮本太郎編著
◎2400円

介護保険と階層化・格差化する高齢者
人は生きてきたようにしか死ねないのか
水野博達著
◎2700円

英国における高齢者ケア政策
質の高いケア・サービス確保と費用負担の課題
井上恒男著
◎4000円

フィンランドの高齢者ケア
介護者支援人材養成の理念とスキル
笹谷春美著
◎3000円

中国農村地域における高齢者福祉サービス
小規模多機能ケアの構築に向けて
郭芳著
◎4500円

福祉国家の日韓比較
「後発国」における雇用保障・社会保障
金成垣著
◎2800円

介護サービスへのアクセスの問題
介護保険制度における利用者調査・分析　李恩心著
◎4000円

高齢者の「住まいとケア」からみた地域包括ケアシステム
中田雅美著
◎4200円

QOLと現代社会
「生活の質」を高める条件を学際的に研究する
猪口孝監修　村山伸子、藤井誠二編著
◎3800円

介護現場の外国人労働者
日本のケア現場はどう変わるのか
塚田典子編著
◎3800円

ケア専門職養成教育の研究
看護・介護・保育・福祉分断から連携へ
青木紀著
◎3800円

〈価格は本体価格です〉